AF375593

 © 2016 Robert Friedebaum

Illustration:	MediaArtProjects101
Grafik:	www.openclipart.org/
	www.wpclipart.com

Herstellung und Verlag:
BoD - Books on Demand, Norderstedt
ISBN 978-3-7412-2719-6

Robert Friedebaum

WENN UNS DAS GLÜCK VERLÄSST

Potenzielle Anschlagsziele in Deutschland.

Langfristig bis zu 200 Millionen Klimaflüchtlinge.

Rasant ansteigende Altersarmut, Wohnungsnot,

Kriminalität, Gewalt...

Inhaltsverzeichnis

Die Lage S. 7

Krankhafte Veränderungen S. 13

Die Überforderung Deutschlands S. 25

Wo gibt`s denn so was? S. 33

Potenzielle Anschlagsziele in Deutschland S. 67

Prävention von Gewalt (Passiv/Aktiv) S. 107

Mehr Wachsamkeit S. 117

Europaweite Naturkatastrophen S. 121

Die Konsequenz S. 125

Quellen u. weiterführende Links S. 139

Die Lage

Durch zunehmende Islamisierung, nicht enden wollende Flüchtlingsströme samt Nachzug, Arbeitslosigkeit, steigende Altersarmut, Wohnungsnot, Terrorgefahr sowie vermehrt auftretende Naturkatastrophen steigt die Sorge um die eigene Sicherheit immer weiter an. Laut der neuesten Umfrage der Konrad-Adenauer-Stiftung hegen 43 Prozent (von 2000 Befragten) Zweifel an der Toleranz des Islam, das währen ca. 35 Mill. Bürger unseres Landes.

1 Pdf > Umfrage Was halten die Deutschen vom Islam?

Diese Entwicklung hat das Potential zu einem kollektiven Horrortrip zu werden, da sich immer mehr Menschen mit Zukunftsängsten konfrontiert sehen. All diese Dinge samt Zwangsbeschlagnahme von Wohnungen schweben nun drohend über unseren Köpfen. Noch wird diese desaströse Situation in unserem Lande dank massiver Medienpolitik durch Ablenkung oder Schönrederei heruntergespielt. Doch in dem Maße wie das allgemeine Vertrauen in die derzeitige Berichterstattung schwindet wächst auch das Unbehagen in großen Teilen der Bevölkerung. Die abstrakte Gefahrenlage ist Status quo. Das Europa des 21. Jahrhunderts ist voller Sprengstoff, brandgefährlich und auf dem besten Wege sich selbst zu demontieren. Zwar sind reichlich Daten und Erkenntnisse vorhanden um die innere Sicherheit zu gewährleisten, doch bremst sich das System durch bürokratisch-technische Inkompatibilität selber aus. Gerade Deutschland wollte nach dem Mauerfall durch die Wiedervereinigung ein Vorbild für Stabilität und Wohlstand sein und das menschliche Miteinander bei Achtung und Wahrung anderer kulturellen Identitäten/ Kulturen/ Religionen fördern. Doch durch zahlreiche, politische Fehlentscheidungen sowie mächtepolitische Auseinandersetzungen haben in ganz Europa die relative Armut, Hunger und Krankheiten zugenommen. Nun möchte man durch eine weitere (fehlerhafte) Weichenstellung dieser Entwicklung unter anderem durch Zuwanderung entgegenwirken. Keiner von uns weiß was z.B. die Politiker oder die Teilnehmer der alljährlichen Bilderberg-Konferenz wirklich hinter verschlossenen Türen besprechen, denn Medienpräsenz ist bei solchen Anlässen nicht erwünscht.

Auf Dauer wird sich dieser einmal eingeschlagene Kurs weder durch politisches Flickwerk noch durch blinden Aktionismus begradigen lassen. Durch die mangelhafte Soziale Infrastruktur wird die Lebensqualität vieler Bürger in Deutschland dramatisch sinken. Langfristig ist mit bis zu 200 Millionen afrikanischen Klimaflüchtlinge mit Ziel Europa zu rechnen, die steigende Kriminalität, Altersarmut und Wohnungsnot, sowie bevorstehende Europaweite Naturkatastrophen werden zukünftig für ein unbehagliches Klima in unserem Lande sorgen. Die allgemeine Lage ist sehr bedenklich, vor allem für die kommenden Generationen wird sich der Wandel in allen Lebensbereichen bemerkbar machen. Es ist mit zunehmender Auswanderung von »Bio-Deutschen« sowie mit einer massiven Ausdünnung der einheimischen Bevölkerung zu rechnen. Der islamische Einfluss wird von der politischen Ebene, der Arbeitswelt, dem Schulsystem bis hin zur Freizeitgestaltung zunehmen. Im Zuge des multikulturellen Wandels werden sich die Identitäten der einzelnen europäischen Länder immer weiter auflösen. Wo einst ein angenehmes Heimatgefühl vorherrschte breitet sich nun eine orientierungs -und identitätslose Gesellschaft aus. Diese Veränderungen können wir nun alle auch ohne Radio, TV oder Internet verfolgen. Ein einfacher Bummel durch die Straßen reicht hier völlig aus um diese Metamorphose live mit zu erleben. Ob es einem gefällt oder nicht spielt bei diesem Prozess keine Rolle, denn die Weichen sind längst gestellt. Um Reibungen zu vermeiden wäre es von Vorteil wenn man sich auf diesen kulturellen Wandel entsprechend mental einstellt. Nicht alles ist schlecht, aber so manchem kann davon schlecht werden. Mit einer gehörigen Portion Humor, sowie einem trockenen Lächeln auf den Lippen, wird so manches leichter zu bewältigen sein.

Have fun, no war!

Krankhafte Veränderungen

Vieles verändert sich in unserer Gesellschaft rasend schnell, das Klima, die Weltwirtschaft, der Wohn- und Arbeitsmarkt und vor allem der wahrnehmbare soziale sowie kulturelle Wandel. Gerade dieser ist es welcher mit einer zunehmenden Islamisierung wohl den meisten Deutschen Sorgen bereitet. Insbesondere sind hierbei vor allem die soziale Mittel-sowie Unterschichten betroffen. Die [1a]<u>Oberschicht</u> wird von alledem so gut wie überhaupt nicht tangiert, da sie sich extrem absichert oder an Orten außerhalb des Geschehens aufhält. Durch diese Begegnungen mit anderen Kulturen, aus denen Teile übernommen und zu einer neuen Form abgeändert werden, spricht man von [2]<u>induziertem Kulutrwandel.</u> Dieser von den meisten unerwartete Wandlungsprozess sorgt in der Bevölkerung für Unmut und teils heftigen

Widerstand. Der neue Zeitgeist lässt grüßen, ob jung oder schon etwas älter, alle spüren es, dieses beklemmende, »komische Gefühl« in der Magengegend. Die 3Angst vor dieser Veränderung, welche das soziale Gefüge zu sprengen droht greift um sich und bemächtigt sich immer mehr Menschen. Statt Deutscher Gemütlichkeit breitet sich nun eine Atmosphäre aus imaginärer Spannung und Verunsicherung aus. Der Psychoanalytiker 4Fritz Riemann beschreibt in seinem verbreiteten Hauptwerk zur Angst[4], dass eine der Grundängste des Menschen die »Angst vor Veränderungen« ist. Gerade dieses Gefühl von Bedrohtheit ist es, welches nun viele Bürger ihr Heil in der rechts orientierten Parteienwelt suchen lässt. Doch auch mit einer solchen politischen Ausrichtung wird sich die ins rollen gekommene Lawine epochaler Veränderungen nicht stoppen lassen. Vermischung, Infiltration, Unterwanderung sind an der Tagesordnung sowie unumkehrbar. Die Tendenz, dass so manch einer eine 5paranoide Persönlichkeitsstörung entwickelt, welche neutrale und freundliche Handlungen anderer als feindlich, herabsetzend oder verächtlich machend erlebt werden nimmt zu.

»Für Teile der Gesellschaft und der Politik war es schwer, zu akzeptieren, dass Deutschland ein Einwanderungsland ist. Zwar wird Zuwanderung gegenwärtig kaum mehr pauschal in Frage gestellt, doch insbesondere die Integrationsbereitschaft bestimmter Gruppen, insbesondere muslimischer Zuwanderer, wird in immer wiederkehrenden Debatten hinterfragt.

Integrationsangebote müssen sich jedoch an alle zugewanderten Gruppen richten, mit dem Ziel eine chancengleiche Teilhabe von allen in Deutschland lebenden Menschen unabhängig vom Migrationshintergrund oder der Religion zu ermöglichen. Wenn dies langfristig nicht möglich ist, muss davon ausgegangen werden, dass daraus Spannungspotentiale entstehen und Verteilungskonflikte um knappe Ressourcen (Arbeit, Einkommen, sozialer Status) eine ethnische Komponente erhalten 6 SVR 2010). Für Deutschland gibt es keine Alternative zur Einwanderungsgesellschaft.

Dies ist nicht nur der Tatsache geschuldet, dass die bestehende Zuwanderung nicht rückgängig gemacht werden kann. Allein schon die Alterung der Gesellschaft wird dazu führen, dass der Anteil der Personen mit Migrationshintergrund wächst, denn in den oberen Altersgruppen sind Personen mit Migrationshintergrund noch unterdurchschnittlich vertreten. Der Rückgang der Bevölkerung im erwerbsfähigen Alter wird schon in Kürze in den oberen Segmenten des Arbeitsmarktes zu einem Fachkräftemangel führen. Auch die fortschreitende Globalisierung wird zu einer Öffnung und Internationalisierung weiterer Teile des Arbeitsmarktes führen wie auch die Freizügigkeit innerhalb der Europäischen Union.«

Quelle: 6 bpb <u>Bundeszentrale für politische Bildung</u>

Frieden, Sicherheit und Ordnung sind gleichermaßen im Christentum wie im Islam wichtige Charakterzüge. Jede Lesart des Islam, die diesem Konzept widerspricht, ist als falsch und unislamisch abzulehnen.

7<u>Koran auf deutsch</u>. Leider verhält es sich jedoch so, dass die Inhalte von heiligen Schriften ganz unterschiedlich ausgelegt werden. So propagieren die Fundamentalisten des Islam eine Rückkehr zum Ur-Islam. »Sie rufen allahu akbar (Gott ist groß) wenn sie „Ungläubigen" oder nicht „Wahren Moslems" die Köpfe abschneiden. Sie kreuzigen Christen, töten alle

Männer, die sich nicht zu ihrem Steinzeit-Ur-Islam bekehren wollen. Die Frauen und Kinder nehmen sie und verkaufen sie als Sklaven auf den Märkten, oder teilen sie unter sich auf.

So verbreiten sie Furcht und Schrecken, um die Feinde ihres Islam einzuschüchtern. Die Organisation Islamischer Staat sorgt für Bestürzung, Angst und Schrecken, aber auch für Bewunderung, nicht nur bei Einwohnern von Dritte-Welt-Ländern und Wüstenstaaten, sondern auch in Europa. Haben sich ja tausende sogenannter Jihadisten „(Heiligenkrieger)“ aus vielen europäischen Ländern, Bosnien, Österreich, Deutschland, Frankreich und Großbritannien summa summarum praktisch aus allen europäischen Staaten und Amerikas dieser Organisation angeschlossen, um für das ausgerufene Kalifat sogenannte „Ungläubige“ zu töten, zu schlachten, zu vergewaltigen, das Gebiet ethnisch zu „reinigen“ und sogar selbst zu sterben für dieses „große Ziel“. Man schätzt, dass die Sympathisanten in Europa viele tausende sind.« Quelle: 8religionen.at von Carl Power. Demzufolge hat eine steigende chaotische Entwicklung in unserem Lande Einzug gehalten und wird nicht eher innehalten, bis auch die letzte Ordnung dahin ist. Dazu braucht es auch keine Verschwörungstheorien, die einem nicht wirklich weiterhelfen sondern lediglich ein offenes Auge für die Realität um einen herum.

Was uns gestern noch Geborgenheit und Sicherheit bot schmilzt mit jedem Tag mehr und mehr dahin, ja wird in naher Zukunft gänzlich verschwunden sein. Wir sind auf dem besten Weg unsere nationale Identität zu verlieren. Dies kann als »krankhafter Wandel« bezeichnet werden, da auch für menschliche Gesellschaften die Gesetzmäßigkeiten für selbsterhaltende, sich wandelnde Systeme gelten. Daraus ergibt sich allerdings auch eine latente Instabilität, die umso größer ist, je komplexer das System und je schneller sich der Wandel vollzieht. Den kommenden Ereignissen sollte man daher zum einen mit einer gewissen Flexibilität als auch Gelassenheit begegnen.

Weder Furcht noch Gewalt sollten in unserem Inneren vorherrschen, sondern einfühlsames, soziales Verhalten sowie christliche Nächstenliebe, geprägt von einem gesunden Menschenverstand.

Mit zunehmender Vermischung unserer Gesellschaft durch unterschiedlichste Ethnien mit völlig andersartigen Weltanschauungen und den damit verbundenen kulturellen Leitideen treten unweigerlich Spannungen auf.

Die Menschen haben ein Gespür für bevorstehende Bedrohungen sowie lauernden Gefahren. Dieses unbestimmte Gefühl von Ängsten entspringt dem derzeit herrschenden 9Zeitgeist. Hierzu zählen ebenso Naturgewalten wie Erdbeben, Vulkanausbrüche, immer stärker werdende Tornados, Überschwemmungen und dgl. mehr. Alles verschiebt sich heutzutage mit erhöhter Geschwindigkeit. Aus diesem Grunde bringen auch die klimatischen Veränderungen genauso wie die zahlreichen Kriege und Auseinandersetzungen eine Völkerwanderung nie dagewesenen Ausmaßes in Gang. Die Bundesregierung warnt bereits vor

9a200 Millionen afrikanischen Klimaflüchtlingen, wenn sich die Klimaerwärmung nicht stoppen lässt. Der Erfolg dieser Bemühungen, innerhalb der nächsten 30 Jahre die 2° Grad Grenze zu erreichen, darf angezweifelt werden. Indessen sorgt auch die Fernwirkung des ständig stärker werdenden

Klimaphänomens El Niño u.a. auf dem afrikanischen Kontinent immer öfter für Dürrekatastrophen, Ernteausfälle, Tiersterben, sowie Hungersnot und Epidemien. Dieser weltweiten Entwicklung wird keine Grenze standhalten, da die Not der Menschen stärker sein wird.

Den sich beschleunigenden Ereignissen sollten wir alle offen gegenüber stehen, sowie mit Verständnis darauf reagieren. Denn wir werden diese weder stoppen noch abwehren können. Es ist der Lauf der Dinge, welcher diese neue Ordnung schafft. Nicht zu vergessen trägt jeder einzelne von uns durch blinden Konsum, Ignoranz und Egoismus ein gutes Stück weit zu solch einer Entwicklung bei. Nichtsdestoweniger wird am Ende dieser recht lange anhaltenden Periode im Tunnel des Wandels auch wieder Licht zu sehen sein, welches im übertragenem Sinne vielleicht auch ein entgegenkommender (Islam) Zug sein könnte. Wer übrigbleibt wird es mit einer neuen Weltordnung zu tun haben. Mit Sicherheit jedoch wird der Weg aus dem Chaos bis hin zu einer neuen, stabilen Ordnung noch ein weiter, steiniger und vor allem blutiger sein.

Die Überforderung Deutschlands

Wenn man von »Überforderung im Alltag« spricht meint man damit landläufig das [10]Burnout-Syndrom. Hierbei handelt es sich nicht um eine Krankheit im eigentlichen Sinne, sondern gilt als ein Problem der Lebensbewältigung. Diese Art von Problem äußert sich u.a. durch Symptome wie Abgeschlagenheit, Müdigkeit, Schlaflosigkeit, unerklärliche Ängste, Vergesslichkeit, Konzentrationsschwierigkeiten, sowie körperliche Schwäche und Aggressivität. Schätzungen zufolge leiden Abermillionen von Deutschen darunter, Tendenz steigend. Insbesondere Symptome einer [11]generalisierten Angst nehmen nun durch die »Flüchtlingspolitik« der BRD und den zu erwartenden Konsequenzen stark zu. Diese generalisierte Angst ist nicht auf bestimmte Situationen beschränkt, sondern bezieht sich auf viele verschiedene Aspekte im

Lebensumfeld. Infolge der aktuell herrschenden Zustände findet eine anhaltende Überforderung des bestehenden Systems in allen Bereichen unseres Staates statt. Daraus resultiert in unserer Gesellschaft eine massive Zunahme oben genannter Burnout-Symptome, welche sich ohnmächtig gegen den Staat (deren Führung) sowie teilweise auch unberechtigt gegen die zu uns strömenden Migranten richtet. Der Deal mit der Türkei wird vielerorts in Frage gestellt, Griechenland, Italien u. andere Länder sehen sich überfordert, wobei die nächste große Welle an Besuchern schon zum Aufbruch bereit ist,
um von der nordafrikanischen Küste nach Europa über zu setzen. Durch die explosionsartig ansteigende Bevölkerungszahl in Afrika sowie Dürreperioden, Missernten und Tiersterben infolge des Klimawandels werden notgedrungen sich noch Abermillionen

Menschen auf den Weg ins »rettende Europa« machen. Viele davon werden auch nach Deutschland kommen, um dem sicheren Hungertod zu entgehen. Sie alle haben nichts zu verlieren, können nur gewinnen. Deutschland ist im Vergleich zu anderen europäischen Ländern sehr attraktiv, so lag das [12]Durchschnittsgehalt eines Syrers oder Marokkaners 2011 bei rund 200 Euro, die eines Eritreers bei rund 36 Euro pro Monat. Hunderttausende warten bereits erneut auf besseres Wetter, damit sie sich vor Hunger, Not sowie dem Terror des IS und anderen Terrorgruppen wie Boko Haram in Sicherheit bringen können.

Die Terrorgruppe [13]Boko Haram treibt ihr grausames Spiel in Nigeria, wo sie ebenfalls dafür sorgt, dass sich Abertausende auf die Flucht Richtung Europa und speziell auch nach Deutschland aufmachen. Im Jahr 2014 sind bereits 31.776 [14]Menschen aus Nigeria geflohen, davon 3.924 nach Deutschland. deren Asylantrag zu 86,59 Prozent einen positiven Bescheid erhielten. Laut diverser Umfragen bereitet die steigende Zahl der Asylbewerber jedem zweiten Deutschen Angst. Denn nicht nur die Fluchtbewegungen aus dem Nahen Osten bereitet vielen Sorgen. Auch Millionen notleidender Afrikaner werden sich in den kommenden Jahren auf den Weg nach Europa machen. Durchschnittlich 80% der deutschen Bevölkerung befürchten das der Einfluss des Islam zu stark wird, die Zahl der Straftaten zunimmt, die Terrorgefahr steigt, den Zulauf rechter Parteien sowie einen vorherrschenden Einfluss fremder Kulturen.

Laut [15]BND steigt die Zahl der Migranten weltweit stetig an. Schätzungen zufolge befinden sich jährlich über 200 Millionen Menschen auf der Wanderung.

Dabei ist die Europäische Union (EU) eine wichtige Zielregion für Migranten. In einem Vortrag von BND-Präsident Ernst Uhrlau zum Thema »Migrations-Problematik im Kontext von Terrorismus« stellt dieser folgendes fest: »Für die Gefährdung der westlichen Welt durch den Internationalen islamistischen Terrorismus ist die illegale Migration kein wesentlicher Faktor.« Ganzer Vortrag als Pdf erhältlich

Vom Bundesamt für Verfassungsschutz wird zur Einflussnahme des Salafismus festgestellt, das Deutschland explizit mit Anschlägen bedroht ist. Näheres unter: 16 BfV

Mittlerweile wird mit den nordafrikanischen Maghreb Staaten (Marokko, Algerien, Tunesien) darüber verhandelt die Rückführung von nicht anerkannten Asylbewerbern, ganz im Sinne des Türkei/Deutschland Abkommens, zu beschleunigen.

Dieses [16a]Rücknahme-Abkommen beinhaltet allem Anschein nach keinerlei Sanktionen bei Nichteinhaltung für diese Staaten. Dies führt dazu, dass sich diese moslemische Staaten vieler unliebsamen Bürger wie psychisch Kranke, moslemische Radikale, Schwerverbrecher sowie möglichen Terroristen entledigen können. In diesem Sinne bleibt die Umsetzung respektive deren Wirksamkeit doch recht fraglich. Viele Asylsuchende geben sich zudem fälschlicherweise als syrische Staatsbürger aus, da man als solcher bekanntermaßen problemlos als Asylant anerkannt wird. Da eine entsprechend spezifische Zuordnung der Staatsbürgerschaft schwer möglich ist, verbleiben diese »Möchtegern-Asylanten« deren Zukunftsperspektive gegen Null geht, in unserem Land. So füllen sich unsere Städte mit zwielichtigen Gestalten mit denen unser Rechtsstaat nicht umzugehen weiß. Das nennt man dann Überforderung. Die aktuelle Infra- und Sozialstruktur ist weder auf die bereits eingetretene, geschweige denn der zu erwartenden Massenzuwanderung weiterer Millionen Flüchtlinge ausgerichtet. Da die meisten Europäischen Länder den »Alleingang Deutschlands in der Flüchtlingsfrage« ablehnen, ist Deutschland mit diesem Ansturm schlicht und ergreifend überfordert. Bald wird der Deutsche Bürger sein eigenes Land nicht mehr wiedererkennen.

Wo gibt's denn so was?

Also dass hätte ich nicht gedacht. Das die Zeit so an einem vorbei fliegt kennt der ein oder andere ja, aber dass sich die Dinge in einem derartigen Tempo verändern ist doch irgendwie beängstigend, oder? Es war noch gar nicht solange her, da gab es noch richtige Jahreszeiten. Frühling, Sommer, Herbst und Winter. Heute ist das ganze aus den Fugen geraten und jeder bekommt das mit. Abgesehen vom lange verleugneten Klimawandel steht auch noch die Altersarmut vor der Türe, in Radio und TV-Sendungen ist zu hören, dass 'jedem zweiten Deutschen, der 2030 in Rente geht, die Altersarmut droht. Irgendwie macht sich bei mir das Gefühl breit, dass es mit der Ruhe in unserem Lande vorbei ist. Stattdessen macht sich immer mehr Unruhe, Unsicherheit und Randale breit. Hinzu kommt noch eine weltweit bevorstehende Finanzkrise.

Nicht genug der innerdeutschen Probleme bekommen wir nun jede Menge Besucher, als Bereicherung sozusagen, wobei ein Ende des Zustromes nicht abzusehen ist. Im Gegenteil, geht eine Türe zu, gehen woanders dafür welche auf.

Nun mal ehrlich, hat Dich einer gefragt ob Du das alles so willst. Richtig, genau wie beim Euro, welcher auf einer elitären Entscheidung beruhte, hat auch dieses mal keiner nach Deiner Meinung gefragt. Denn hätte man eine Volksbefragung durchgeführt wären weder der Euro noch andere, gravierend destruktive Entscheidungen getroffen worden. Aber gut, das Personal hat bekanntlich nichts zu melden. Du sollst funktionieren, bis zum letzten Stündlein arbeiten, Steuern zahlen, wählen gehen und ansonsten die Klappe halten. Na bloß keinen Widerspruch, das könnte einem ja irgendwie als »politisch unkorrekt« ausgelegt werden und dann ist man gleich in der »rechten Schublade«. Ich sag Dir mal eins: Ich war viele Jahre im europäischen Ausland, hab dort gearbeitet und zu der jeweils einheimischen Bevölkerung stets einen guten Draht gehabt. Kein religiöser Streit, keine bösen Worte, kein Rassismus oder dergleichen. Selbst in Krisenländern wie Israel oder Ägypten gab es keinerlei Probleme. Warum? Ganz einfach, weil ich mich den jeweiligen Gepflogenheiten angepasst habe. Kaum war ich in Tel Aviv angekommen ertönte eine laute Sirene. Bombenalarm. Alle Menschen blieben wie angewurzelt stehen, Keine 2 Minuten später tauchte ein ferngelenkter Roboter auf um eine am Straßenrand befindlichen Gegenstand in sich aufzunehmen und diesen abtransportierte. Als die Sirene zum 2.ten mal ertönte bewegten sich die Menschen wieder um ihres Weges zu gehen. Dieses Volk ist es gewohnt mit der

Gefahr im Alltag zu leben und entsprechend zu verhalten. Jede Kultur hat ihre Eigenheiten, gewisse Regeln, Gebräuche und Sitten. Als Gast oder Besucher in einem fremden Land sollte es als normal gelten sein Verhalten entsprechend anzupassen.

Tut man das nicht, sind Probleme und Ärger vorprogrammiert. Irgendwie geht mir mein Heimatgefühl verloren. Man fühlt sich ja im eigenen Land nicht mehr wohl. Dort wo ich vor Jahren an den verschiedensten Stränden eine schöne Zeit verbrachte stranden nun massenhaft Flüchtlinge. Die dort jeweils heimischen Menschen, welche vom Tourismus, Fischfang etc. leben, sind in ihrer Existenz bedroht. Viele davon sind schon mangels der stark rückläufigen Touristenzahlen in Konkurs gegangen.

Zahlreiche griechische, italienische, spanische und französische Strandidyllen gehören bereits heute schon der Vergangenheit an. Das ist natürlich nicht verwunderlich, denn wer möchte schon als erholungsbedürftiger Tourist, mit vollem Geldbeutel, Barkadi schlürfend, das angespülte Elend vor Augen haben. Zu guter Letzt bleibt so manchem, bei der ein oder anderen herangetriebenen Leiche, sein gut belegtes Fischbrötchen im Halse stecken.

So spielen sich vor den Augen des unbedarften Urlaubers wahre menschliche Tragödien ab, an denen er am Ende seines Urlaubes vielleicht selber den Gang zu einem Psychologen antreten kann. Die Gedanken kreisen um Fragen wie: Wer stoppt das ganze wieder, will man das überhaupt, wer steckt dahinter?, Wer ist dafür verantwortlich? Hinter den USA und Russland ist Deutschland der drittgrößte Exporteur von Rüstungsgütern. Diese Waffen werden von den verschiedensten Terrorgruppierungen erbeutet oder auf dem Schwarzmarkt käuflich erworben. Durch deren Einsatz wird dann wiederum der Flüchtlingsstrom angefeuert. Zudem gibt es ja auch noch die vernetzte Welt durch Computer, Laptops und die von jedermann geliebten Smartphones. Gerade diese Vernetzung hat einen nicht geringen, wenn nicht gar wesentlichen Anteil an der »Reiselust« so mach eines jungen Migranten. Die schillernd, bunte Welt Europas kommt damit auch in die entlegenste Buschhütte, wo sie verständlicherweise so manche Begierde weckt an. Wenn dann noch eine »quasi Einladung« auf ihrem Display erscheint und z.B. mit Kindergeld geworben wird, gibt es kein Halten mehr. Meiner Meinung nach ist das ganze gewollt, geplant und gesteuert, von wem auch immer. Machtinteressen, div. korrupte Politiker sowie die unterschiedlichsten Kartelle verdienen sich neben der verkoksten noch eine goldene Nase hinzu.

Doch als Mustermann Normalo sind diese Dinge weit weg, nicht greif- oder beeinflussbar. Was bleibt ist das immer größer werdende Elend samt wachsenden Müllhaufen mit besorgter Wehmut zu betrachten.

Aber halt, wer wird denn gleich den Kopf in den Sand stecken?, wie heißt es so schön: »Die Hoffnung stirbt zuletzt« Wenn man das Rad schon nicht zurückdrehen kann, dann sollte man zumindest versuchen die Wogen etwas zu glätten um den Karren wenigstens ein Stück weit wieder aus dem Dreck zu ziehen. Ungarn und Österreich sind da wohl etwas weitsichtiger gewesen. Die Engländer werden, nachdem sie nun aus der EU ausgetreten sind, in naher Zukunft ebenfalls ihre eigene Flüchtlings Politik betreiben.

Sie haben das Gängelband abgelegt und gehen den Weg durch die Krise auf ihre Art und Weise. Hab mich sowieso gewundert, dass eine Grenze mit Zoll und Polizeikontrolle plötzlich zu einer rein virtuellen Scheingrenze mutiert, die es dann in der Realität gar nicht mehr gibt. Das ist doch gerade so als ab du deine Wohnungstüre aufmachst und jeden x-beliebigen rein spazieren lässt, ohne zu wissen ob er dein Freund oder Feind ist, ob er dich beklauen, ausrauben, womöglich töten will oder ob er vielleicht doch ein Geschenk für dich hat. Hierzulande klopft/klingelt man zuerst an die Türe um zu erfahren ob man erwünscht ist oder nicht. Da unsere geliebte -Mama- jedoch ein großes Herz hat, haben wir nun Tage der offenen Türen mit Open-End. Es wird weggeschaut und alle, alle herzlich willkommen geheißen. Denn der Demographische Wandel mitsamt Arbeitsmarkt schreit förmlich nach mehr Nachschub.

Vorbereitungen für einen entsprechend geordneten Zustrom weiterer Millionen von zumeist afrikanischen

Erdenbewohnern sind bereits in vollem Gange. Mir ist zu Ohren gekommen, dass bis Ende November 2016 das größte Flüchtlingslager Dadaab im Nordosten Kenias dicht macht, was bereits beschlossene Sache ist. Da wir schon zahlreiche Besucher aus dem Nachbarland Somalia begrüßen durften, ist davon auszugehen das auch für diese Menschen incl. ein paar Psychopathen ein gangbarer Weg nach Europa /Deutschland gefunden wird.

Die meisten davon möchten ihr Glück in den Städten suchen, dort wo sie Arbeit und den Wohlstand erhoffen. Einige werden ihr Ziel bestimmt erreichen und sich in der hiesigen Kultur etablieren, sich gut integrieren und wohlfühlen. Mich beschleicht jedoch das Gefühl, das die Ziele und Erwartungen der allermeisten sich nicht erfüllen werden. So werden weitere Millionen frustrierter, enttäuschter Zuzügler ihr

Dasein am Existenzminimum fristen und neidisch auf die Besitzenden blicken. Der ein oder andere könnte dann sogar gar kriminell werden. Hier taucht bereits ein weiteres Problem auf, denn unsere Haftanstalten reichen derzeit bei weitem nicht aus sämtliche »Neu-Kriminelle« zu inhaftieren. Und die Kosten? Schwamm drüber, über Geld wollen wir hier nicht sprechen, denn dank der Europäischen Zentralbank (EZB) gibst ja ohne Ende Nachschub.

Helfen wir ihnen also sich schnellstmöglich in unsere Gesellschaft zu integrieren indem wir ihnen eines Tages sogar unsere Häuser und Wohnungen überlassen, am besten freiwillig, bevor sie wie in Italien geschehen, einfach besetzt werden wenn die Bewohner zur Arbeit außer Haus sind.

Es geht aber auch anders, so werden in München aufgrund akutem Wohnraummangels seitens der Stadt zur

16b<u>Wohnraumbeschaffung</u> bereits ältere Menschen mit genügend Wohnraum dazu angehalten Flüchtlinge bei sich einzuquartieren und ein oder mehrere, leerstehende Räume an diese zu vermieten. »Auf eine eventuelle Beschlagnahme von Wohnraum zur Vermeidung von Obdachlosigkeit könnte dann somit verzichtet werden.« Bei solchen Meldungen fragt man sich, was wohl in den Köpfen dieser älteren Menschen vorgehen mag, haben sie doch zumeist ein Leben lang auf einen wohlverdienten ruhigen, besinnlichen Lebensabend hingearbeitet. Einige werden sich bestimmt damit arrangieren können, bekommen sie doch eine Einkaufshilfe, Unterhaltung sowie Hilfe im Haushalt, incl. Miete welche dann natürlich mit der Rente verrechnet wird. Man darf gespannt sein wann die Zwangsbeschlagnahme von Wohnungen per Gesetzt von den jeweiligen Ländern oder dem Bund erlassen wird. Gut wäre es wenn man den betroffenen Rentnern gleich einen Arabisch-Kurs anböte was in manch einer Situation enorm hilfreich wäre.

Nun ist dies, vornehmlich im fortgeschrittenem Alter nicht wirklich eine Option, weswegen man sich auf seine Menschenkenntnis, seine Sinne und den Instinkt verlassen sollte. Verantwortlich für diese Entwicklung ist das Defizit an dringend benötigtem Wohnraum. Deutschland hat den Wohnungsbau in den letzten Jahrzehnten stark vernachlässigt, was sich jetzt zu einem neuen Spannungsfeld aufbaut. Der Kampf um bezahlbaren Wohnraum hat sich durch den massiven Flüchtlingszustrom dramatisch verschärft, infolge die Mieten, trotz Mietbremse weiter steigen. Die derzeitige soziale Infrastruktur ist für eine derartigen Zustrom an Menschen nicht ausgerichtet und damit schlicht weg überfordert. So fehlen im sozialen Wohnungsbau hunderttausende Wohnungen. In Ballungsgebieten ist die Lage besonders prekär geeigneten Wohnraum neu zu schaffen. Der vielerorts verleugnete Machtkampf um Wohnraum ist bereits in vollem Gange, wobei mit einer weiteren Verschärfung gerechnet werden muss. In Berlin sorgt die Bevorzugung von Flüchtlingen in Form von kostenlosen Monatskarten sowie einer 20 % höheren Kostenübernahme der Miete für alle Geringverdiener/AlGII Empfänger zusätzlich für Unmut. Auch solcherlei Regelungen bergen sozialen Sprengstoff in sich. Natürlich ist die Unterbringung von Flüchtlingen in Massenunterkünften höchst problematisch, denn hier droht der Lagerkoller mit all seinen Auswüchsen von Stress, Schlafmangel, stiller Wut, psychische Störungen, Angst, Verzweiflung, Überaktivität sowie depressiven Zuständen. Von den öffentlichen Medien wird vor allem ein Bild der

Harmonie verbreitet. Wohingegen Berichte über Vergewaltigungen, Übergriffe, Zwangs-Prostitution, Bandenkriminalität oder die Anwerbung von neuen Kämpfern für die »Sache des IS« Seltenheitswert haben. Irgendwie kann man den Einheitsbrei welcher in den öffentlichen Medien verbreitet wird nicht mehr hören, geschweige denn sehen. Endloses Blabla, geschönte Bilder, Fake-Videos etc. und jeder weiß es besser. Doch die Realität von Bürger Mustermann aus der Unter- bzw. Mittelschicht als auch die der zahllosen Flüchtlinge, Asylanten und Migranten, ist eine völlig andere. Na ja, lachend gegen die Wand fahren kann ja auch recht lustig sein.« Dieses Anpassen an die deutschen Gepflogenheiten, den kulturellen wie auch den sozial-zwischen-menschlichen Bereichen stellt anscheinend ein Problem einiger bis vieler der neuen Besucher dar. Rücksichtnahme? Da man die tief im menschlichen Sein verwurzelten Verhaltensmuster, kulturelle Anlagen sowie die vorhandene Mentalität nicht einfach per Gesetzt ändern kann, prallen diese Gegensätze ungefiltert hart aufeinander. Die Massenmigration, insbesondere die Armutsmigration, bringt einfach massive Probleme mit sich.

Die Integration andersgearteter Kulturen ist eine Aufgabe welche Generationen in Anspruch nehmen wird. Sie wird nicht bei allen funktionieren, sei dies aus Mangel am nötigen Willen oder aus anderen Gründen. Ein Großteil der Asylbewerber und Flüchtlinge sind schlecht oder gar nicht ausgebildet. Der »syrische Arzt« ist nicht der Normalfall. In den Medien ist bereits zu hören, dass aus der Türkei nur bildungsferne Flüchtlinge nach Deutschland geschickt werden, welche nur schwerlich bis gar nicht in den deutschen Arbeitsmarkt zu integrieren sind. Das Abkommen mit Staatspräsident Erdogan scheint ein »Schuss in den Ofen« zu sein. Vieles spricht dafür, dass auch innerhalb der türkischen Polit-Elite nicht alle den Kurs Erdogans für gut heißen, insbesondere in Sachen Menschenrechte, Syrienpolitik und PKK. Doch wird es die innerpolitische Entwicklung der Türkei zeigen wie diese Konflikte letztendlich aufgelöst werden.

Die reibungslose Abwicklung in Bezug auf die Flüchtlinge gerät jedenfalls ins Stocken, wobei die aus der Türkei übernommenen Flüchtlinge eher die Sozialkasse belasten als das sie für den Staat produktive Arbeitskräfte darstellen. Ohne Deutsche Sprache, entsprechende Bildung und jahrelange Integrationsarbeit gibt es auch keine reguläre Arbeit. Laut Bundesarbeitsministerin Andrea Nahles werden die Sozialhilfe-und Hartz-IV-Ausgaben wegen der Zuwanderer im kommenden Jahr voraussichtlich um zwei Milliarden Euro steigen, weitere 600 Millionen bis 1,1 Milliarden Euro sind zusätzlich geplant«.

Quelle: 17 tagesschau.de (Neuesten Meldungen zufolge sind mittlerweile für Haushalt 2017 ganze 10 Mrd. Euro eingeplant) Trotz alledem sollten wir zunächst mit Rücksichtnahme und Verständnis reagieren, was bedeutet, dass auch wir als Bürger eines „gastgebenden Landes" nicht gleich aggressiv auf ein eventuelles Fehlverhalten unserer Besucher reagieren sollten. Schließlich ist die arabische oder nordafrikanische Mentalität eine völlig andere als die unsere und tief in deren Gene verankert. Aber einen religiösen Glauben ändert man weder per Gesetz noch durch gutes zureden.

Doch ist dies auch gar nicht nötig, solange es sich um den gemäßigten, normalen Islamismus bzw. normal tickende Menschen handelt. Schließlich herrscht bei uns in Deutschland eine vom Staat unabhängige Religionsfreiheit und sollte auch von Zuwanderern, Migranten sowie Flüchtlingen entsprechend angenommen, toleriert bzw. respektiert werden. Toleranz, Meinungsfreiheit, Gleichberechtigung, Pünktlichkeit, Respekt, sowie gutes sozial-verträgliches Verhalten sind Werte von welchen wir nicht abrücken sollten. Ganz nach dem Motto »Leben und leben lassen«.

Doch das haut in der Realität irgendwie nicht hin, es funktioniert einfach nicht. Jetzt hat uns die Gegenwart eines besseren belehrt, denn wenn man selber friedlich seines Weges geht, kann es passieren das man von unbelehrbaren »extremistischen Besuchern« angepöbelt wird. Und dann? Gute Frage, ja wie reagiert man in einem solchen Fall? Da unsere Polizisten nicht überall sein können ist man auf sich alleine gestellt. Natürlich ist diese Entwicklung bedauernswert, denn Lebensqualität, Unbeschwertheit und das Gefühl der Freiheit leiden darunter immens. Das einst so friedliche, beschauliche Bild in unseren Städten hat sich gewandelt. Nun liegt eine gewisse Spannung in der Luft. In meiner Nachbarschaft gibt es eine Frau welche bei einer Reinigungsfirma arbeitet. Nachdem Sie frühmorgens um 4:00 Uhr mit Ihrem Hund die übliche Runde gedreht hat begibt Sie sich um 5:00 Uhr an eine etwas abgelegene Bushaltestelle, um zu Ihrem Arbeitsplatz in die Stadt zu fahren. Es ist Winterzeit, dunkel und sie ist alleine dort.

Ihr ständiger Begleiter ist seit vielen Wochen die Angst vor einem Übergriff. Auf die Frage was Sie nun gegen Ihre Sorge zu unternehmen gedenke antwortete Sie: »Ich habe mir ein Pfefferspray besorgt, aber ich bin mir nicht sicher ob das wirklich hilft.« Also was macht man wenn man in einer solchen Situation ausgesetzt ist? Eine Möglichkeit wäre es sich nach einer Begleitperson umzusehen, welche Ihnen ein sichereres Gefühl vermittelt. Oder Sie finden eine Fahrgemeinschaften, welche Sie auf Ihren täglichen Arbeitsweg mitnehmen kann. Je nach Gegend ist auch, vornehmlich bei weiblichen Hundebesitzer /innen, das Gassi gehen Angst behaftet. Hier sollten Sie sich mit Gleich-gesinnten zusammenschließen oder Ihre tägliche Route entsprechend ändern, so dass Sie nicht zu weit Mutterseelen alleine mit Ihrem Hund unterwegs sind.

Es kann zudem nicht schaden wenn Sie sich mit entsprechenden Hilfsmittel ausstatten, wobei Sie den Umgang mit diesen Utensilien zumindest üben sollten, damit im Ernstfall keinerlei Hemmungen oder Aussetzer Ihrerseits erfolgen. Doch was nützt die beste

Waffe wenn man diese, nicht gleich eines Revolverhelden, blitzschnell zücken kann, während der Angreifer seine Waffe (Messer oder dergleichen) schon längst in seiner Hand hält und auf seinen Angriff bestens vorbereitet ist? Bleiben Sie bei all Ihrer »Aufrüstung« realistisch genug und spielen Sie nicht den Helden, denn die allermeisten Helden sind bekanntlich tot. Oberstes Gebot sollte Wachsamkeit sowie die innere Bereitschaft sein, je nach Situation sofort zu handeln. Beugen Sie durch mentales Training die »Angststarre« vor, welche durch Gefahren- und Stresssituationen ausgelöst werden kann wenn Ihrerseits keine Reaktion in Form von Kampf oder Flucht erfolgt. Doch ist dies einfacher gesagt als getan, weswegen eine entsprechend mentale Vorbereitung eines solchen Ernstfalles im Geist durchgespielt werden sollte.

Hierzu können Sie sich die verschiedensten Szenarien in Ihrer Fantasie ausmalen und entsprechend reagieren, ohne dass Ihnen Gefahr droht. Diese Vorgehensweise trainiert ihr Unterbewusstsein und macht sie im Ernstfall handlungsfähiger. Letztendlich gehört zum Überleben auch immer eine gehörige Portion Glück dazu. Zur falschen Zeit am falschen Ort - das war`s dann auch schon. Das ist eben dann Schicksal oder Bestimmung, je nachdem wie man es sehen möchte. Hier kann Ihnen nur das Bauchgefühl weiterhelfen, die ungute Vorahnung gewissermaßen.

Haben Sie ein solches Bauchgefühl nicht, dann haben Sie einfach Gottvertrauen. Strahlen Sie wenigstens keine potentielle Opferrolle aus. Denn Menschen welchen die Angst und Unsicherheit schon von weitem an zusehen ist, sind für entsprechende Täter-Gruppierungen ein leicht zu identifizierendes

Beuteschema. Bei Terroristen oder Angreifern beruht die Macht doch im allg. darauf Angst und Schrecken zu verbreiten. Lediglich wenn man Berichte in den Medien verfolgt ist man normalerweise auf der sicheren Seite, denn fernab des Geschehens liest man die Zeitung, sieht Berichte im TV oder im Internet von der Distanz aus. Für den normalen Westeuropäer ist es schwer bis unmöglich die Unterschiede von [18]Salafisten, Islamisten, Dschihadisten auf Anhieb zu erkennen. Wer ist ein Guter und wer ein Böser? Da sich diese Leute mittlerweile exzellent darauf verstehen sich als »Gutmensch« zu tarnen, ist dies für den Normalbürger Anhieb zu so gut wie unmöglich auf Anhieb zu erkennen. Der Terror hat längst begonnen und er wird sich weiterhin steigern, so dass niemand mehr davor geschützt sein wird nicht selbst Opfer zu werden. Auch werden die Abhörmaßnahmen nicht greifen, da die Absprachen der Angreifer auf unkonventioneller Art und Weise erfolgen werden, wie z.B. über unregistrierte SIM-Karten, kurzfristige Darknet-Botschaften, E-Mails mit bestimmten Codewörtern etc.. Zwar wurde mittlerweile eine allgemeine Registrierungspflicht beim Erwerb von Sim-Karten erlassen, doch laufen diese Maßnahmen ins Leere, solange keine europäisch einheitliche Regelungen geschaffen werden.

Hat man die Möglichkeit in der Öffentlichkeit solch unerwünschten Gruppierungen wie herum pöbelnden Banden aus dem Wege zu gehen, dann sollte man dies auch tun, solange noch Zeit dafür ist. Ich kenne einige Hundebesitzerinnen welche schon kehrt gemacht haben, als ihnen eine Gruppe von nordafrikanisch aussehenden Männern entgegenkam. Dies mag übertrieben scheinen, doch die Angst vor der fremdartigen Kultur sowie vermehrt Berichte über Vergewaltigungen, Raubüberfällen sowie Übergriffen sind Grund genug um nicht blindlings in sein Verderben zu laufen.

Im Gegensatz hierzu kann ich persönlich nur von positiven Begegnungen mit Flüchtlingen berichten. So gesellte sich z.B. unlängst an einer Bushaltestelle während eines Regenschauers ein junger Eritreer mit seinem Einkaufswagen zu mir. Ich rückte meine Einkaufstasche zur Seite und deutete ihm an sich zu setzten. Ohne Berührungsängste begannen wir uns so gut es geht miteinander zu unterhalten.

Er war bereits seit etwas mehr als einem Jahr in der BRD und mit gebrochenem Deutsch sowie etwas Englisch konnten wir uns verständigen. Er machte einen vernünftigen Eindruck und konnte mir sehr gut vermitteln, wie froh und glücklich er sei hier in Deutschland zu leben. Er bedauerte nicht besser unsere Sprache zu sprechen, da er sich die meiste Zeit mit Landsleuten in seiner Heimatsprache in [19]Tigrinisch unterhielt. Auch warte er immer noch auf div. Papiere usw. Als der Regenschauer vorbei war liefen wir noch ein Stück gemeinsam weiter, bis er mit seinem Einkaufswagen, seinem »Auto« wie er diesen nannte in eine Seitenstraße abbiegen musste. Beim Abschied reichte er mir freundlich seine Hand und fragte nach meinem Namen. Ich gab ihm Antwort,- fragte nach dem seinen. »Mahta« kam es zurück, was soviel wie »Blitz« bedeutet. Dieses kleine Beispiel soll zeigen, dass es trotz der landläufigen Panikmache auch ganz vernünftige, junge Menschen unter den ankommenden Flüchtlingen gibt. Ein offenes aufeinander zu gehen ist allemal besser als seinem fremden Gegenüber mit Misstrauen und Ablehnung zu begegnen. Doch gibt es auch die andere Seite, vor der sich keiner verschließen kann. Wir alle, die Bürger der BRD werden uns daran gewöhnen müssen mit der konkreten Gefahr im Alltag zu leben. Unser Leben wird z.B. dem der Bevölkerung in Israel sehr ähnlich werden, welche jederzeit während sie ihrer Alltagsbeschäftigung nach gehen, von Terroranschlägen sowie Gewaltattacken bedroht sind. Hiervon sind nicht nur die Großstädte betroffen sondern auch kleinere Gemeinden sowie Dörfer. Da hilft auch alles schönreden nichts. Viktor, ein netter deutsch-russischer Nachbar berichtete mir aufgewühlt von seinem eigenem Erlebnis. Er fuhr mit seiner Frau gegen Mittag nach Frankfurt, hielt vor einer Bank um dort etwas zu erledigen, wahrend seine Frau auf ihn wartend das benachbarte Schaufenster betrachtete. Als er nach einer kleinen Weile zurückkam, fand er seine Frau von 5 bis 6 arabisch/nordafrikanisch aussehenden

Männern bedrängend, ja regelrecht umstellt. Als er hinzukam nahm er seine Frau rigoros an den Arm und verließ diese Gruppe glücklicherweise unbehelligt. Zitternd vor Angst erzählte seine Frau ihm, dass diese jungen Männer immer wieder »gib Geld, gib money« von ihr forderten. Was soll man dazu nach sagen?! Viele gleichartige oder noch schlimmere Berichte finden sich massenhaft im Internet.

Doch auch hier sollte man die Spreu vom Weizen trennen, denn nicht alles entspricht der Wahrheit. Fakt ist jedoch, dass die Gewalt auf unseren Straßen zunimmt und stetig steigt. In Großstädten wie Frankfurt, Berlin, etc. existieren bereits zahlreiche sogenannte No-Go-Areas, welche selbst von der Polizei weitestgehend gemieden werden. Offiziell gibt es solche Gebiete nicht. In diesen Gebieten haben die Familienclans, [20]kriminelle Großfamilien das sagen.

Wenn man also plant seinen Wohnsitz zu verlegen sollte man darauf achten nicht in einen solcher Brennpunkte zu gelangen, wo man als »Neuankömmling« die jeweils herrschenden Gegebenheiten nicht kennt. Menschen welche bereits in einem solchen »Multi-Problem Viertel« leben gehen dementsprechend ganz anderes mit der vorherrschenden Situation um. Letztlich sollte man auch in einer solchen Umgebung von Fremdenfeindlichkeit absehen, denn in jeder Bevölkerungsgruppe oder Ethnie gibt es Menschen jeder Couleur.

Vor kurzem rief mich eine Bekannte aus einer anderen Stadt an, deren Hauptthema seit vielen Monaten ausschließlich »die Flüchtlingskrise« mit den vielen Asylanten ist. »Sie bekomme es immer mehr mit der Angst zu tun, je mehr Berichte sie verfolge und vor allem was sie so alles im Internet über sexuelle Übergriffe und

Gewalt lese beunruhige sie zutiefst. Überall lungerten Gruppen von zumeist Nordafrikaner herum. Vor den Einkaufsläden säßen organisierte Bettler und überhaupt käme sie sich immer mehr wie verfolgt vor. Das Einkaufen in ihrer Stadt sei für sie bereits zum Horrortrip geworden und in dem Mehrparteien Haus wo sie wohnt ist vermehrt randaliert worden. Auch sehe sie so gut wie keine Polizisten auf der Straße, sie fühle sich schutzlos und ängstlich. Vor kurzem hatte sie eine Reportage über »Bad Godesberg« gesehen, wo der 17-jährige Niklas P. erschlagen worden war. Alles sei dort arabisch, mit vielen vollverschleierten Frauen usw...

Am liebsten würde sie auswandern, vielleicht nach Ungarn, die hätten das wohl richtig gemacht. Dort sei die ganze Bevölkerung gegen die Asylantenflut. Doch leider habe sie die finanziellen Mittel nicht und so ganz weg aus Deutschland würde sie sich auch nicht trauen, schließlich beherrsche sie kein Ungarisch und überhaupt sei das alles alleine nicht so einfach. Irgendwie mache ihr das Leben im eigenen Land gar keine Freude mehr. Eingeschränkt in ihrer Bewegungsfreiheit sei sie und Abends gehe sie überhaupt nicht mehr aus dem Haus. Wenn sie einkaufen ginge sorge sie sich, dass in ihre Wohnung eingebrochen würde.

Der Schaufensterbummel oder Cafe` Besuche habe sie ganz eingestellt. Sie sei so richtig paranoid geworden, denn es seien immer mehr Irre unterwegs.« Nun versuchte ich sie zu beruhigen, indem ich ihr erklärte, dass wohl täglich mehr Menschen bei Verkehrsunfällen zu Schaden kommen als durch irgendwelche Messerattacken oder Bombenanschläge. Zudem solle sie sich doch eine vertraute Begleitperson suchen, sodass sie sich etwas wohler fühle. Kurzum konnte ich sie nicht wirklich beruhigen, wobei auch der Hinweis sich vielleicht Hilfe bei einem Psychologen zu holen auf strikte Ablehnung stieß. Sie sei doch schließlich nicht plemplem, nur weil sie mit offenen Augen durch die Straßen läuft und die Veränderungen in ihrem Umfeld deutlich wahrnimmt. Meiner Bekannten konnte ich die Ängste leider nicht nehmen, da in den meisten Medien so gut wie täglich über irgendwelche Vorkommnisse in Bezug auf Flüchtlinge, Asylantenheime, Terroranschläge und dgl. mehr berichtet wird. Die Welle der Gewalt scheint erst so richtig ins rollen gekommen zu sein und wird auch uns in Kürze erreichen.

Trotz alledem sollten wir uns nicht verrückt machen lassen, denn die Chance bei einem Anschlag zu Schaden zu kommen ist weitaus geringer als einen

Sechser im Lotto zu landen. Natürlich gibt es »Brennpunkte«, Orte die besonders gefährdet sind, weswegen wir mit einer gesunden Achtsamkeit versuchen sollten diese zu meiden.

Wenn sich erst einmal die Gewaltattacken in unserem eigenen Land aus breiten, das Gefühl von Schutzlosigkeit bei immer mehr Menschen Raum gewinnt, ist es höchste Zeit sich ernsthafte Gedanken über seine eigene Sicherheit zu machen. Zwar ist die Wahrscheinlichkeit selbst bei einem Anschlag zu Schaden zu kommen recht gering, doch ist es das subjektive Gefühl zur falschen Zeit am falschen Ort zu sein was paranoide Ängste auslösen kann. So kann es jederzeit und überall passieren, geradeso wie ein Verkehrsunfall.

Potenzielle Anschlagsziele in Deutschland

Bislang konnten in Deutschland Terroranschläge größeren Ausmaßes durch die Sicherheitsbehörden und einer gehörigen Portion Glück verhindert werden. Doch was passiert wenn uns eines Tages dieses Glück verlässt? Es scheint nur eine Frage der Zeit zu sein, bis auch in unseren Städten blutige Anschläge durch die unterschiedlichsten, internationalen Terrorgruppen ausgeführt werden, um ihren menschenverachtenden Krieg in unsere Straßen tragen. Wenn erst einmal der erste große Anschlag mit zahlreichen Toten und Verletzten hierzulande auf deutschem Boden geschieht, wird es endgültig mit dem verträumten dahinleben vorbei sein. Unweigerlich wird sich von einem auf den anderen Tag ein neues, beklemmendes Lebensgefühl ausbreiten. Es wird geschehen, davon gehen sowohl die

Sicherheitsbehörden als auch der Otto-Normalbürger aus. Schon heute haben viele ein ungutes Gefühl, meiden vielfach öffentliche Veranstaltungen wie Public-Viewing oder Fußballstadien. Wer die Medien verfolgt, dem blieb auch der Anschlag in Tel Aviv nicht verborgen, wo zwei Terroristen in einem belebten Einkaufsviertel am helllichten Tage vier Israelis niederschossen. Einen Tag später sitzen die Menschen aus Solidarität wieder ganz normal in den Cafes.

Oder der schwere Terroranschlag eines sich radikalisierten Kleinkriminellen in Nizza, welcher mit einem LKW am Abend des französischen Nationalfeiertages am 14.07.2016 auf der »Promenade des Anglaisin« in Nizza, eine der schönsten Flaniermeilen Europas über 80 Menschen tötete und viele schwer verletzte, wobei er noch aus dem Führerhaus auf wehrlose Opfer schoss, bevor er selbst von der Polizei eliminiert/getötet wurde. Der Alltag geht für die Überlebenden weiter, wobei die Trauer der Hinterbliebenen bestehen bleibt. Solcherlei Zustände, Attacken, Attentate und feige hinterhältige Angriffe werden auch hier zu Lande stattfinden. Wenn es auch bei uns soweit ist sollten wir uns alle solidarisch zeigen und unser Leben, auch wenn der Schmerz noch so tief sitzt, so gut es geht weiterleben.

Um die einst so schöne Stimmung bei den alltäglichen Erledigungen oder Vergnügungen legt sich der dunkle Schleier des Grauens, wird immer mehr zum Thema oder gar zum Lebensmittelpunkt. Doch sollten wir uns nicht der Lebensfreude durch solche Terrorattacken berauben lassen, denn sonst hätten diese Verbrecher einen beträchtlichen Teilerfolg erzielt. Für zeitgleiche Anschläge an verschiedenen Orten wird schon mal vom Nachwuchs »trocken« geübt. So werden z.B.

Feuerwerkskörper zu Übungszwecken herangezogen um den Einsatz (für den Tag X) mit echten Sprengkörpern zu üben. So explodierten Nachts um 3:00 Uhr an vier weit auseinander gelegenen Stellen einer Pfälzer Stadt extrem laute Böller sowie Silvesterraketen. Dann herrschte wieder Stille. Dieses Ereignis wurde von einem Hochhaus beobachtet und mir im März 2016 von einer glaubwürdigen Person zugetragen. Was es letzten Endes mit diesem Spektakel auf sich hatte bleibt reine Spekulation.

Doch kann davon ausgegangen werden, dass einige der bereits im Lande befindlichen Terroristen auf ein Zeichen warten. Ein Signal, dass viele zur selben Zeit handeln lässt. Kleinere Zellen werden sich des weiteren autonom ihre ganz persönlichen Ziele aussuchen und mit militärischer Perfektion umsetzten. Aber auch sogenannte »Einsame Wölfe« werden in Zukunft vermehrt in Aktion treten. Diese handeln aus eigenem Antrieb und ohne Kontakt zu anderen Radikalen heraus, die politisch-religiöse Motivation ist schwach bis überhaupt nicht vorhanden.

Da man sie keiner Gesellschaftsschicht zuzuordnen kann ist auch »der nette Junge von nebenan« dieser Tätergruppe zu zurechnen. Solche Menschen lassen sich offensichtlich von der Al-Kaida-Rhetorik inspirieren, wobei diese ihr vermindertes Selbstwertgefühl wie fehlende Anerkennung u. dgl. aufpolieren wollen. Prahlerisch benutzen das Logo des IS für ihre Wahnsinnstaten, doch sind und bleiben sie alle nur feige Mörder. Nach Ansicht eines Terrorexperten wächst die Bedrohung durch islamistische Einzeltäter. Diese würden durch Propaganda-Videos und regelrechte dschihadistische "Gassenhauer" radikalisiert. Bei der Menge an potentiellen Attentätern wird unser Sicherheitsapparat gegen derartige Attacken einzelner und/oder organisierter Tätergruppen keine Chance haben diese wirkungsvoll zu verhindern. Vereitelte Anschläge wie der [21]Anfang Juni 2016 in Düsseldorf zeigt auf welches Potential dahinter steckt. Die Summe der bereits eingetretenen Ereignisse schüren die Fantasie und lassen diese regelrecht zu einem kollektiven Horrortrip ausarten, dessen Szenarien den ein oder anderen zum Handeln bewegen wird.

Sei dies durch entsprechenden Wohnortwechsel oder sonstige vorbeugende Maßnahmen welche den drohenden Ereignissen entgegen wirken.

Gott beschütze jeden einzelnen in dieser epochalen Zeit. Unweigerlich drängen sich dem Menschen [22]Visionen auf, welche für die nahe Zukunft ein eher dunkles Bild zeichnen. Diese (Vor)-Ahnungen sind gewissermaßen Teil des [23]kollektiven Unterbewussten und spiegeln den jetzigen Zeitgeist der Menschheit wider. Auch wir in Deutschland sind jetzt ganz konkret mit dem internationalen islamistischen Terrorismus konfrontiert, welcher auf lange Zeit eine der größten Bedrohungen für unser aller Sicherheit bleibt. Nun wird das Leben nicht gleich zur Gänze zum Stillstand kommen, doch hier und da wird wohl mit tiefer Betroffenheit zu rechnen sein. Im folgenden sind einige potentielle Anschlagsziele zumeist in Deutschland aufgeführt, welche allesamt mit großer Wahrscheinlichkeit schon morgen Realität sein können.

Kirchen , Moscheen

In Deutschland gibt es die [24]2o Landeskirchen sowie insgesamt ca. 15129 Kirchen, wobei es hierzulande bereits die doppelte Anzahl von Moscheen existieren. An solchen Orten befinden sich in aller Regel mehrere hundert Menschen und hören friedlich der Predigt des Pfarrers zu. Nun könnte es so sein dass sich im Vorfeld ein paar dieser Terroristen (Christenhasser) vorgenommen haben gleichzeitig in mehreren größeren Gotteshäusern Anschläge zu verüben. Zeitgleich werden diese gestürmt, das Feuer wird sofort auf die »Ungläubigen« eröffnet. Niemand in einem solchen Gebäude trägt eine Waffe um sich zu verteidigen.

Schreiend werfen sich die Menschen unter die Sitzbänke, welche von der großkalibrigen Munition der Gewehre durchschlagen werden, wobei die Schutzsuchenden willkürlich getroffen, verletzt und getötet werden. Es vergehen mehr als 30 Minuten bis Sondereinheiten eintreffen um die verschiedenen Kirchen zu stürmen und die Terroristen zu eliminieren. Die Detonationen der Sprengstoffgürtel werden die Dächer der Gotteshäuser teilweise zum Einsturz. Verschiedene Angreifer sprengen sich, nachdem sie ein riesiges Blutbad angerichtet haben selber in die Luft.

Bahnhöfe

Bundesweit werden besonders die Anschläge auf Bahnhöfe zunehmen. Auch »Trittbrettfahrer« werden ihre perverse Freude daran finden Bombendrohungen anzukündigen, infolge es zu erheblichen Behinderungen im öffentlichen Nahverkehr kommen wird. Hierbei werden Millionen von Pendlern verunsichert, wobei viele, wenn sie können wieder auf den Pkw zurückgreifen, um sicher zu ihrem Arbeitsplatz zu gelangen. Bei den kommenden Anschlägen wird immer wieder mit vielen Toten und Verletzten zu rechnen sein. Der Verfassungsschutz, die Polizei und andere Organisationen werden auch hier das Nachsehen haben. Was übrigbleibt sind letztendlich Analysen, Presseberichte und die zur Schau gestellte Ohnmacht über das klägliche Versagen unserer derzeitigen Sicherheitspolitik. Diese heimtückischen Anschläge werden u.a. von unabhängigen, keiner Organisation angehörenden Tätern verübt. Die Zahl der Anschläge auf Bahnhöfe wird dramatisch zunehmen. Einen wirkungsvollen Schutz davor gibt es für die Millionen von Pendlern und Reisenden nicht. Einen wahren Glasregen wird es geben wenn eines Tages das imposante Glasdach des Berliner Hauptbahnhofes durch die Druckwellen von Explosionen auf die Menschen herabstürzt.

Züge, S-Bahnen und Busse

Hierbei werden nicht nur vermehrt

[25]Bomben-anschläge wie im Jahre 2006 oder der Attacke am 24.08.15 im Hochgeschwindigkeitszug [26]Thalys nach Paris (welche beide verhindert werden

konnten) stattfinden, sondern regelrechte Überfälle mit Hinrichtungen ausgeführt. Durch den tiefen Glauben der Terroristen mit solchen Taten (Ungläubige zu töten) ihr Glück im paradiesischen Jenseits incl. der 72 Jungfrauen zu finden werden diese mit grausamer Regelmäßigkeit ausgeführt. Da wird es nicht verwunderlich sein sich demnächst in einem Bahnhof wie in einem Hochsicherheitstrakt zu fühlen. Doch ist dies alles nur eine Scheinsicherheit, genauso wie die verstärkte Anwesenheit von Sicherheits- personal. Bevor diese handeln können ist die Bombe in aller Regel längst hochgegangen. Selbst das Busfahren wird zur Glücksache. In Ländern wie Israel sind Anschläge auf Busse keine Seltenheit. Auch hierzulande werden Messerattacken von den Irregeleiteten immer häufiger stattfinden.

Ein Attentäter, welcher in einem vollbesetzten Fernbus

auf der Autobahn unterwegs ist, wird seine im Koffer befindliche Bombe zu dem Zeitpunkt zünden wenn sich ein zweiter Reisebus hinter ihm bzw. auf der Gegenfahrbahn befindet. Solchen Attentaten ist nur schwerlich zu entkommen.

Flughäfen

Immer wieder wird es an an Flughäfen zu Bombenanschlägen kommen. Ein trauriges Beispiel war der Anschlag im 27 Flughafen Zaventem am 22.03.2016 in Belgien. Zum Einsatz kommen hier Rohrbomben, mit Zeitzünder versehene Sprengstoffe in Koffern sowie Selbstmordattentäter mit Kalaschnikows und Sprengstoffgürteln.

Als normal Reisende getarnt gelangen solche Terroristen immer wieder unerkannt in die Abfertigungshallen der Airports, um ihr teuflisches Werk zu verrichten. Wie das Attentat am 28. Juni 2016 im

Istanbuler Flughafen Atatürk gezeigt hat, konnten sich die Täter trotz Sicherheitsvorkehrungen Zutritt ins Terminal verschaffen, um ihr selbstmörderisches, Werk mit 44 Toten und 239 Verletzen zu vollbringen. Nun erwägt die EU-Kommision die Kontrollen vor dem Eingang des Flughafengebäuden zu verlegen, was nur eine unbefriedigende Lösung zu sein scheint. Denn die »weichen Ziele« werden letztendlich nur verlagert meinen Sicherheitsexperten.

Schiffshäfen

Hier sind bis dato noch keinerlei Anschläge zu verzeichnen, doch sind solche ebenfalls ein ideales Ziel um einen enormen Schaden an Mensch, Material und Umwelt anzurichten. Abgesehen von den Verlusten an Menschen wird hier besonders die Infrastruktur getroffen, sowie die Umwelt nachhaltig geschädigt. Explodierende und brennende Öltanker hinterlassen ihre tödlichen Spuren auf lange Zeit im Meer als auch in der Atmosphäre.

Badestrände, beliebte Touristenziele

Sie gehören fast schon zu Deutschland dazu, beliebte Mittelmeer Inseln wie Mallorca, Menorca, Ibiza, Formentera oder Kreta. Die Strände dort sind übersät mit sonnenhungrigen Urlaubern und könnten von den Terroristen als Anschlagsziele ausgesucht werden. Mit einem Schnellboot sind die Balearischen Inseln recht schnell von der Nordafrikanischen Küste aus zu erreichen und ebenso schnell wieder zu verlassen.

Durch die blutigen Anschläge an diesen beliebten Urlaubsstränden werden viele Menschen stark verunsichert. Das Ziel durch solche »Aktionen« Angst und Schrecken zu verbreiten wird erreicht und bleibt für lange Zeit in den Köpfen der Menschen hängen. Der einstmals unbeschwerte Urlaub erhält so für

Millionen Urlauber einen bitteren Beigeschmack.

Die Touristikbranche wird nach solchen Ereignissen ebenfalls mit Einbußen zu rechnen haben.

Mittelmeer Kreuzfahrten

Kreuzfahrten erfreuen sich großer Beliebtheit. Diese Urlaubsschiffe beherbergen viele hundert Menschen welche allesamt mit reichlich Gepäck bestückt sind. Hier haben Terroristen als Touristen getarnt leichten Zugang um ihr tödliches Werk an Board zu verrichten. Aber auch von der Seeseite bietet ein solcher Urlaubsdampfer reichlich Angriffsfläche. Es könnte von Attentätern die sich z.B. mit einem Speed-Boot annähern mittels Panzerfäusten o.ä. angegriffen werden. Da es bisher für Kreuzfahrten kein Begleitschutz gibt, könnten sich derartige Angriffe in die Länge ziehen. Bis aus der Luft entsprechende Abwehrmaßnahmen ergriffen werden, dürfte der bis dahin angerichtete Schaden immens sein. Solange der Terror nicht gestoppt ist, sind solche Szenarien durchaus im Bereich des Möglichen.

Brücken und Tunnel

Vielbefahrene Brücken sind schwer zu schützen. Diese sind frei zugänglich und für Sprengkörper mit Fern- oder Zeitzünder ideale Orte um ganze Busse, Autos und Lkws samt Insassen in den Abgrund stürzen zu lassen. Um die Infrastruktur der Warenwirtschaft empfindlich zu stören werden auch Tunnel nicht verschont bleiben. Ob Eurotunnel oder andere vielbefahrene Durchgangsröhren, die Anschläge auf solche Orte werden ebenfalls fürchterlich sein und sehr viele Opfer fordern. Ein prestigeträchtiges Anschlagsziel könnte der erst neulich eröffnete 57 km lange

[28]Gotthard-Basistunnel sein. Die durch Explosionen entstandenen statischen Schäden an einem solchen Bauwerk werden eine schnelle wieder Inbetriebnahme

bis auf Jahre in die Länge ziehen. Der Fernverkehr wird infolge solche Anschläge massiv gestört und mancherorts gänzlich zum Erliegen gebracht.

Fußballstadien

Am [29]17.11.2015 wurde das Spiel Deutschland gegen die Niederlande wegen eines bevorstehenden Anschlages abgesagt. Wie die meisten wissen ging diese Angelegenheit glimpflich aus. Was uns aber bevorsteht sind Anschläge der neueren Generation. Das bedeutet das auch die moderne Technik der Drohnen hierbei zum Einsatz kommt. Trotz intensivster Überwachung sind EMs, WMs sowie andere Fußballereignisse für Terroristen ganz besondere Anschlagsziele, da bei solchen Veranstaltungen eine starke Medienpräsenz vorhanden ist. Zwar hat die innere Sicherheit bereits Möglichkeiten eine fliegende Drohne per Funk zu übernehmen oder diese gar abzuschießen, doch wird es nicht möglich sein sämtliche Stadien mit dieser noch recht neuen Technologie zu schützen. Alle Fußballfans müssen in Zukunft nicht nur für ihre Mannschaft beten sondern sich auch gleich selbst mit in das Gebet einschließen. Den Terroristen wird es ein leichtes sein mit ihrem Smartphone incl. integrierter Kamera, die tödliche Fracht der Drohne ins Ziel zu steuern und auszuklinken. 2016/2017 heißt es Abschiednehmen vom unbeschwertem Zuschauerglück und ausgelassener Stadionatmosphäre (abgesehen von den „normalen" Störungen von Hooligans). Wenn in einem gut besuchtem Fußballspiel irgendwo eine Bombe detoniert, gibt es eine Massenpanik, welche ihrerseits für zusätzliche Verletzte und Todesopfer führt. Viele Fußballfans die vorhatten ein Spiel der EM 2016 zu besuchen haben bereits Abstand davon genommen und bleiben Zuhause. Diese Entwicklung hat ebenfalls auf die Zimmervermietungen, welche demzufolge einen starken Einbruch der Buchungen verzeichnen, ihre Auswirkung. Mit einer Rückkehr der einstmals entspannten, sportlichen Atmosphäre ist auch für kommende Großereignisse in Stadien nicht zu rechnen. Anspannung und Verunsicherung werden auch in Zukunft bei Besuchern als auch den Sicherheitsbehörden ganz oben auf der Agenda stehen. Bei einem [30]Selbstmordanschlag auf ein Fußballstadion südlich von Bagdad sind am Freitag, den 25.03.2016 nach Angaben aus irakischen Sicherheitskreisen 30 Menschen getötet, sowie 60 Menschen verletzt worden. Gleichwohl ist bei solchen Großereignissen mit vollen Straßen zu rechnen. Gaststätten, Kneipen und Cafés sind gut besuchte Orte, welche auch für einen einzelnen Täter ein gutes Anschlagsziel bieten.

Atomkraftwerke

Die deutschen AKW`s sind im Gegensatz zu den französischen genauso ungeschützt wie unsere Grenzen. Frankreichs Meiler sind mit einem 3-fachen Sicherheitsring umgeben, welche diese vor Terror-Angriffen schützt, incl. deren »Schrott AKWs«). Nicht nur die IS besitzen bereits entsprechende Waffen um ein AKW zu knacken und einen radioaktiven Fallout durch Kernschmelze zu verursachen. Auch andere militante Gruppierungen sind auf dem Stand der neuesten Kriegstechnik. Bereits seit Oktober 2014 kommt es immer wieder vor, das Atomkraftwerke in Frankreich und Belgien von unbekannten Drohnen überflogen werden. Die Gefahr derartiger Anschläge ist enorm gestiegen. Am 22.03.2016 wurde das belgische Atomkraftwerk Tihange, welches 70 Kilometer von Aachen entfernt ist, sowie das 15 km nördlich von Antwerpen gelegene AKW Doel vorsorglich, nach den Anschlägen in Belgien, evakuiert. (Beide AKWs gelten als besonders marode und gefährlich)

31 Am 25.03.2016 wurde ein Sicherheitsmitarbeiter vor dem belgischen Atomkraftwerk Tihange erschossen. Atomkraftwerke sind ein bevorzugtes Ziel der Terroristen und stehen ganz oben auf der Liste. Pläne und

32 Vorbereitungen sind bereits im Gange diese u.a. mittels einer »schmutzigen Bombe« zu attackieren. Auch die Gefahr vor einer neuen Form des Terrorismus, der sich gegen »sensible Infrastruktur von Wirtschaft und Gesellschaft« richtet nimmt weiterhin zu. Ein entsprechender Hacker Angriff auf, die Übernahme der Steuerungselemente, hätte katastrophale Folgen haben. Vielleicht gelingt es eines Tages den Terroristen ein AKW Mittels entsprechender Waffen wie z.B. einer

33Panzerabwehrwaffe vom Typ Milan mit einer Reichweite von 2000 Metern von der Distanz her anzugreifen. Wird z.B. der Kühlkreislauf zerstört ist es bis zur Kernschmelze nicht mehr fern. Man wird solche Orte einfach nicht effektiv schützen können, denn bereits bei der Erstürmung der syrischen Stadt Ain al-Arab (Kobane) in den Jahren 2014 und 2015 benutzte der IS derartiges 34 <u>Kriegsgerät</u>.

Bei einem derartigen Szenario wären die Konsequenzen unabsehbar. Hier hilft nur beten, hoffen oder die Konsequenzen aus solch einer ernstzunehmen Bedrohung zu ziehen und seinen Wohnort entsprechend zu verlegen. Wobei hierbei die in der weiteren Umgebung liegenden AKWs sowie die vorherrschende Windrichtung berücksichtigt werden sollte. Ansonsten lässt uns Japan grüßen, das noch viele Jahrhunderte fröhlich weiter strahlt.

Kinos

Das Kino gleicht einer Falle sondergleichen. Ein Entkommen ist ist hier fast unmöglich. Dies wissen natürlich auch die Angreifer und werden sobald sie sich Zugang zum Zuschauerraum verschafft haben das Feuer eröffnen. Sicherlich wird nicht gleich jeder, welcher von dieser drohenden Gefahr gehört hat, jedweden Kinobesuch meiden. Doch sollte der vernunftbegabte Mensch, sobald sich Anzeichen eines Anschlages ergeben wie evtl. durch aktuelle Nachrichten oder wenn ein Islam feindlich geprägter Film im Kino läuft, diese Häuser meiden. Ganz nach der Devise: Lieber einmal weniger ins Kino gehen als nie mehr!

Diskotheken

Hier verhält es sich so ähnlich wie in Kinos, doch ist die Atmosphäre weit aus gereizter und gefährlicher. Trauriges Beispiel war der Anschlag auf die Diskothek

35 La Belle am 5. April 1986. Dort waren 50 Besucher anwesend, wobei es 3 Tote gab. 28 Menschen trugen schwere Verletzungen davon, rund 250 Anwesenden zerriss der Luftdruck das Trommelfell.

Sollten bei kommenden Anschlägen Schüsse fallen, werden diese durch die laute Musik nicht gleich als solche wahrgenommen. Fluchtwege sind wie aus der Vergangenheit bekannt nicht immer offen und der Tod durch Rauchvergiftung ist bei einem Feuerausbruch enorm hoch. Durch die meist große Anzahl an Besuchern führt eine Panik im Falle eines terroristischen Angriffs schnell zur todbringenden Falle. Viele, wenn nicht erschossen werden totgetrampelt oder ersticken im beißenden Qualm eines ausgebrochenen Feuers. qualvoll. Den Angreifern kann es egal sein, denn ihnen ist ja das Paradies gewiss.

Festivals/öffentliche Konzerte

Hierzulande gibt es jedes Jahr reichlich 36Festivals. Die Kontrollen für den Einlass sind bislang recht spartanisch gewesen. Eine vollständige Überwachung dürfte sich aufgrund der Dimension des jeweiligen Geländes schwierig gestalten. Dies wird sich im Laufe der kommenden Ereignisse drastisch ändern. Denn überall wo Menschenmassen sind werden sich Terroristen darunter mischen. Da es sich in der Regel um reine Selbstmörder handelt, denen es als Ehre gereicht zu sterben wird es auch hier zu regelrechten Gemetzeln kommen. Mit Kalaschnikows und Handgranaten werden diese ein Blutbad sondergleichen anrichten und haben sie ihre Magazine leer geschossen nehmen sie mit ihren selbstmörderischen Sprengstoffgürteln noch zusätzlich zahlreiche unschuldige Festivalbesucher mit in den Tod.

Öffentliche Feste, Oktoberfest, Straßenfeste

Bei solchen Anlässen kann eine Absicherung nicht gewährleistet werden. Jeder »Möchtegern-Terrorist« kann sich hier profilieren. Ob mit Feuerwaffen, Sprengstoff, Messer, Machete oder einem Fahrzeug als Waffe kann ein Einzeltäter zuschlagen. Wer sich also auf derartige Massenveranstaltungen begibt, muss heutzutage damit rechnen einem Anschlag beizuwohnen bzw. bei einem solchen zu Schaden zu kommen. So manch einem vergeht bei solchen Aussichten die Bierlaune und bleibt demzufolge der Örtlichkeit fern. Mit zunehmender Radikalisierung geltungssüchtiger, bildungsferner Jugendlicher ohne Perspektive und Inhaftierten welche gegen das System und das Christentum aufgehetzt werden nimmt die Gefahr der »einsamen Wölfe« zu, welche solche irrwitzigen Taten ausführen.

Mit trauriger Gewissheit ist davon auszugehen, dass solche Anschläge in Deutschland nicht mehr lange auf sich warten lassen.

Locations von Schwulen, Lesben und Transsexuellen

Zu einem belustigenden Sport wird es Jagt auf ebensolche Gruppierungen zu veranstalten. Der rasant anwachsende Mob bestehend aus bildungsfernen teils kriminellen, illegalen Zuwanderern organisiert sich zur modernen Menschenjagd. Es gibt ja sonst nicht viel zu lachen im reichen Germany und ein bisschen Spaß sollte jeder dieser jungen Männer ja auch haben. Vorkommnisse wie

[37]»Transsexuelle in Dortmund gesteinigt« vom 16.01.2016 oder Schlagzeilen wie

[38]»Transsexuelle stirbt nach brutalem Angriff in Istanbul« sowie der [38a]Terroranschlag in Orlando/Florida vom

12.06.2016 auf eine gut besuchte Schwulenclub mit insgesamt 50 Toten und 52 Verletzten werden in den kommenden Jahren immens zunehmen.

Grund hierfür ist die Nichtakzeptanz der westlichen Werte sowie der offene Umgang mit Andersdenkenden. Es fehlt hier einfach an Respekt vor anderen Kulturen, welche eine liberalere Lebensweise vertreten. Zudem ist davon auszugehen, dass bei weitem nicht alle Zuwanderer willens sind sich in irgendeiner Form in diesem Lande zu integrieren. Deren Streben gilt allein der Ausbeutung des Systems mittels krimineller Machenschaften sowie dem ausleben ihres Hasses genüber Andersdenkenden.

Dank Merkel und Konsorten, doch will ich hier nicht politisieren. Fakt ist, dass sich mit oder ohne »Mutti`s Politik.« Schwule, Lesben und Transsexuelle vermehrt auf Übergriffe einstellen sollten. Schutzmaßnahmen können hier nur sein, sich in größeren Gruppen zu bewegen, verstärkt ein Taxi zu benutzen oder sich vielleicht mit einer Handycam für Bildübertragungen oder einer entsprechenden Notfall App zu behelfen.

Einkaufszentren

In Einkaufszentren wird es vermehrt zu Übergriffen sowie ganzen Plünderungen kommen. Auch hier findet sich abgesehen von der Besatzung eines Geldtransporters in aller Regel kein bewaffnetes Sicherheitspersonal. In solchen Zentren wird sich der Mob kostenlos bedienen und durch sein massenhaftes Auftreten für Angst und Schrecken sorgen. Für die Kunden ist eine Flucht so gut wie unmöglich und sind den Randalieren schutzlos ausgeliefert. Selbst in einer kleinen Bäckerei einer Kleinstadt in BW gab es schon so manches unverschämte Selbstbedienungs-Gehabe. So wurde von einer Gruppe unserer neuen

Migranten/Flüchtlingen/ Besucher im Januar 2016 nach belegten Brötchen verlangt, diese entgegengenommen und sich lachend mit dem Spruch »Merkel zahlt« schnell aus dem Staub gemacht. Hierbei kam keine Person zu körperlichen Schaden, doch zeugt diese Art von Respektlosigkeit von der Grundeinstellung bestimmter Personengruppen. Auch werden die Überfälle auf den großflächigen Parkplätzen der EK-Zentren anwachsen. Hier sparen sich die Angreifer sogar noch den Weg hinein und bekommen die Ware von ihren Opfern geliefert. Mit einem derart unverholenen, ja respektlosem Verhalten sind die meisten Normalbürger schlicht weg überfordert. Die Rufe nach mehr Schutzpersonal sowie die Kosten für deren Einsatz schlagen letztendlich auf Bürger zurück. Doch bei dreisten »Gruppenüberfällen« sind die Täter meist weder zu fassen, noch vor Gericht zu stellen.

Hotels

Die meisten Hotels sind Nachts lediglich mit einem Portier besetzt. Organisierte Banden gelingt es leicht in ein solches einzudringen und sich Zugang zu den einzelnen Zimmern zu verschaffen.

Hier hilft nur die Vorsorge seine Türe von innen zu sichern. Wenn sich der Zutritt zu einer Räumlichkeit nicht einfach gestaltet versuchen sie diese es dann an anderer Stelle. Hilfreich ist hier eine [39] Türsicherung welche man von Innen anbringen kann und einem vor unwillkommenen Besuch schützt. Zumindest jedoch das Eindringen erschwert und somit Zeit für einen Notruf verschafft.

Asylantenheime

Das es vermehrt zu internen Übergriffen und Vergewaltigungen zwischen den einzelnen Gruppierungen von Asylanten kommt liegt nicht zuletzt an der Art und Weise der Unterbringung selbst. Zusammengepfercht auf engstem Raum, ohne Privatsphäre ist der Keim für Unruhen bereits hier schon gelegt. Dann noch ein paar kriminelle Querulanten Marke »Bildungsfern« und alles nimmt seinen Lauf. Das ist die eine Seite der Medaille. Die andere Seite kommt von außen, meist von Menschen welche mit dieser Flut von Flüchtlingen überhaupt nicht einverstanden sind. Auch hierunter gibt es Extremisten welche ebenso vor Gewalt nicht zurück schrecken.

Diese wollen ihr Kulturgut retten und die deutschen Gepflogenheiten erhalten. Hier prallen ganze Welten auf einander. So Du weder beruflich noch privat etwas mir den Bewohnern eines Asylantenheimes zu tun hast, solltest Du Dich von einem solch potentiellen Gefahrenherd fern halten. Hier wird es in naher Zukunft die heftigsten Anschläge übelster Art geben.

Dadurch wird die Gewaltspirale noch mehr angeheizt, infolge mit zunehmenden Straßenkämpfen und Attacken von Seiten unserer Besucher zu rechnen ist. Auch gegenseitig finden immer wieder Auseinandersetzungen zwischen den verschieden Ethnien in Massenunterkünften statt. Jüngstes Beispiel war die Massenschlägerei in [40]Dauelsen am 15.05.2016.

Raubüberfälle, Einbrüche, Vandalismus

Hunderttausende von Nichtregistrierten, bildungsfernen und [41]gewalttätigen Flüchtlingen leben auf unseren Straßen oder rotten sich in Gruppen zusammen. Ihnen allen gemein ist der Besitz eines Smartphones welches ihnen zur schnellen Absprache ihrer Missetaten behilflich ist. Bereits existierende, organisierte Banden erhalten Zulauf von zahllosen Besuchern welche sich illegal im Lande aufhalten.

Oder werden von diesen angeworben. Dort erhalten sie die nötige Anerkennung, Schutz und fragwürdige, kriminelle Aufträge. Diesen »Gruppen« kann man nur entgehen wenn man sich offenen Auges in der Öffentlichkeit bewegt.

Machen Sie lieber einen Bogen oder ändern Ihre eigentliche Wegroute sobald Ihnen »verdächtige« Personen auffallen. Begeben Sie sich notfalls in ein Kaffee, eine Bankfiliale oder ein Geschäft um einer solchen Gruppierung nicht in die Quer kommen. Gegen eine organisierte Verbrechergruppe haben Sie sonst in aller Regel keine Chance. Machen Sie um jeden erkenntlichen Tumult einen weiten Bogen und gehen Sie friedlich Ihres Weges, damit Sie auch noch den nächsten Morgen in Ruhe und Frieden genießen können. Selbst das »ich geh‘ mal kurz Zigaretten holen« kann dramatisch mit einem Überfall enden. Auch die

Anzahl der Wohnungseinbrüche ist sprunghaft angestiegen. Vorzugweise organisierte Banden aus den Balkanstaaten, Georgien und Russland sind auf diesem Gebiet spezialisiert und nur schwer zu fassen. Laut Medienberichten findet alle 3 Minuten ein Einbruch statt. Hier kann man nur jedem empfehlen seine Fenster und Türen entsprechend »einbruchssicher« aufzurüsten. Genauere Informationen gibt Ihnen Ihre ansässige Polizeistation.

Mehr Gewalt in Schulen, Universitäten und Kliniken

Schon heute haben es unsere Jugend schwer sich gegen Erpressung, Mobbing und Gewalttaten zu wehren. Mit steigender Migrantenzahl nehmen unweigerlich auch auch Glaubenskämpfe zu. Fehlgeleitete, Extrem-Muslims gegen christlich angehauchte Deutsche Kinder und Jugendliche. Die Amokläufe werden sich häufen und vermehrt auch einen terroristischen Hintergrund haben. 42Die Gewalt an Schulen ist mit verantwortlich für den herrschenden Lehrermangel, insbesondere für die Hauptschulen. Diese haben die größte Last an zurückgestuften Kindern sowie Mischklassen zu tragen. Viele Lehrer sind schlicht weg mit der Situation überfordert, ja werden selbst zum Ziel von ihrer Schüler. Die Radikalisierung sowie Bandenbildung bei Jugendlichen in der Pubertätsphase ist besonders Besorgnis kritisch zu sehen.

Vergewaltigungen, sexuelle Nötigung

In den allermeisten Fällen findet keine Verurteilung der Straftäter statt. Dies hat vielerlei Gründe. Nicht allein die Scham eine solche Straftat überhaupt zur Anzeige zu bringen sondern vor allem die gerichtliche Prozedur, das detaillierte schildern der Tat sowie der im Raum stehende Vorwurf, die Betroffene hätte sich nicht ausreichend gewehrt, sorgen dafür, dass die Straftäter weitestgehend ungeschoren davon kommen.

Hier ist unsere Gesetzgebung gefordert, deren Mühlen wie allgemein bekannt bisweilen recht langsam, bis überhaupt nicht mehr mahlen. So kann man nur allen Mädchen, Teenagern und Frauen dazu raten sich in Gruppen zu bewegen, sich eine selbstbewusste Ausstrahlung (durch Ausübung einer Kampfsportart) zu zulegen oder sich nicht »zu aufreizend« zu kleiden. Doch ist es dann mit der viel gelobten, liberalen Freiheit auch schon vorbei. Meine Prognose ist diesbezüglich recht düster, da einfach zu viele junge, potente Besucher kommen und noch kommen werden, welche ebenfalls das menschliche Bedürfnis verspüren ihre sexuelle Energie auch auszuleben. Hinzu kommt, dass das Frauenbild der Besucher kulturell bedingt ein völlig anderes ist als das unsere.

Es ist meist von Unterdrückung und Gehorsam dem Mann gegenüber geprägt. Deshalb rate ich: Zieht Euch warm an! Das größte Problem besteht darin, dass eben nicht alle »Frauen-Unterdrücker« sind und es auch ganz normale, zivilisierte junge Männer gibt, welche es ausschließlich auf ein gediegenes Kennenlernen abgesehen haben. Den Unterschied herauszufinden kann bisweilen eine Nötigung bis Vergewaltigung nach sich ziehen. Wie gesagt sollte man keine Vorurteile hegen und seinen gesunden Menschenverstand einsetzen. Schließlich merkt man doch als Frau durch das »Auftreten des Gegenübers,« wie dieser so tickt! Also liebe Mädchen und Frauen, bitte ganz vorsichtig mit fremden Männern aus anderen Kulturkreisen. So manch eine fand sich hernach fernab abgeschottet von der Gesellschaft ohne Liebe und nur dem Gehorsam des Mannes verpflichtet wieder. Letztendlich sammelt jeder so seine Erfahrungen an denen er reift, so er noch kann. Problematisch wird es allerdings wenn die Polizei nicht die Opfer, sondern die Täter schützt wie z.B. im nordrhein-westfälischen [43]Meschede geschehen. Eine derartige Vorgehensweise schürt natürlich nicht nur die Angst sondern offenbart auch die gesteuerte Politik des bewussten »Wegschauens«. Diese Art von Toleranz ist abzulehnen, denn sie gleicht einem Verrat am eigenen Volk. Unsere bestehenden Gesetzte sollten für alle gleichermaßen gültig sein, ohne Rücksicht auf Herkunft, Hautfarbe oder Ethnie. Vor allem sollten diese auch umgesetzt werden, was in Anbetracht der jetzt schon überlasteten Gerichte sowie überfüllten Gefängnisse eine fast unmögliche Aufgabe darstellt. Es bleibt zu hoffen das die Politik in dieser Beziehung entsprechend nach steuert. Solange dies jedoch nicht der Fall ist wird wohl jeder einzelne von uns weitestgehend auf sich alleine gestellt sein. Durch entsprechendes Vorgehen ist so jeder Bürger dazu angehalten seinen eigenen Weg im Umgang mit entsprechenden Gefahrensituationen zu finden. Sei dies durch passive oder aktive Maßnahmen. Vermeiden Sie Provokationen in jedweder Form und gehen Sie friedvoll ihres Weges. Versuchen Sie nicht den Helden zu spielen, denn das geht, anders wie im Film, im echten Leben meistens daneben. Ob Sie es glauben oder nicht, vielleicht hilft Ihnen ja auch eine gehörige Portion Humor, indem Sie einen Angreifer einfach auslachen! Falls dies nicht funktionieren sollte, ergreifen Sie unverzüglich die Flucht. Schauen wir uns im Folgenden nun die realen Möglichkeiten an, welche für den Alltag hilfreich und nützlich sind.

Prävention von Gewalt (Passiv/Aktiv)

Zur Prävention von Gewalt gibt es einige nützliche Maßnahmen, welche schon im Vorfeld diverse Übergriffe oder eine Eskalation vorbeugend zu vermeiden helfen.

Passive Prävention:

- Voraussichtliches Verhalten

- Menschenansammlungen meiden, wie Großveranstaltungen, Fußballstadien, Kinos...

- Größeren Gruppen von Männern weiträumig aus dem Weg gehen.

- Einsame, dunkle Wege meiden, vermeiden Sie Ohrhörer sowie ständig auf ihr Handydisplay zu schauen. (verminderte Aufmerksamkeit)

- Sich nicht zu aufreizend kleiden und den direkten Blickkontakt meiden.

- Keine Wertgegenstände (Geldbörsen, Smartphones, teuren Schmuck etc.) offen zur Schau stellen.

- Bewegen Sie sich stets »nüchtern« (ohne Alkohol oder Drogen konsumiert zu haben) in der Öffentlichkeit.

- Verwendung von Notfall Apps

  [52]NINA ist z.B. die Notfall-Informations- und Nachrichten-App des Bundesamtes für Bevölkerungsschutz

Aktive Prävention

Hierzu zählt es sich aktiv zu wehren, sei es durch Körpereinsatz oder unter Verwendung diverser Hilfsmittel.

[44] Ist Pfefferspray in Deutschland verboten?

Nicht wirklich, doch gilt es einiges zu beachten.

Hundebesitzer haben hierbei die besseren Karten, weil der Gebrauch vornehmlich zur Tierabwehr gedacht ist.

Legale Selbstverteidigungswaffen verzeichnen in diesen Tagen Hochkonjunktur, was nicht verwunderlich ist, bei den täglichen Nachrichten von Übergriffen sowohl auf Frauen jeglichen Alters als auch auf Männern. Doch gerade diese irrationale Bewaffnung kann einem schon Angst machen.

Denn die Mehrzahl welche sich nun mit »legalen Selbstverteidigungsmitteln« bewaffnen können weder durch sachgerechten Umgang, geschweige denn mit praktischen Erfahrungen glänzen. Die allermeisten haben Null-Ahnung im Umgang mit solcher Gerätschaft. Z.B. will auch das Handeling eines E-Schockers geübt werden. Wird man spontan angegriffen ist man nicht in der Lage seine «Waffe« sofort zur Selbstverteidigung in Anschlag zu bringen. Wäre das so, dann müsste man mit dieser gezückt durch den Alltag gehen, jederzeit bereit abzudrücken.

Da dies also in aller Regel nicht der Fall ist, sind solche Mittel nur eingeschränkt zu benutzen. Nicht zuletzt kann jede Waffe die man bei sich führt auch gegen einen selbst verwendet werden und das geht manchmal schneller als einem lieb ist! Man sollte mit der Waffe, mit welcher man sich im Notfall verteidigen will vertraut sein, sowie diese unter Stress als auch in der Dunkelheit sicher und selbstverständlich bedienen können. Sie sollten regelmäßig mit dieser Waffe üben, nicht nur blindlings herumfuchteln, sondern diese auch zielgerecht einsetzten können.

Machen Sie sich vorher Gedanken, wie Sie sich im Selbstverteidigungsfall verhalten werden, spielen Sie verschiedene Szenarien im Geiste durch. Es kann überall geschehen. Suchen Sie die Konfrontation oder ziehen Sie sich lieber zurück um sich zu verschanzen und auf das Eintreffen der dann gerufenen Polizei zu warten? Wissen Familienmitglieder oder Freunde, welche Wege Sie gehen? Es kann nicht schaden sich schon im Vorfeld ein paar Gedanken darüber zu machen.

Immer mehr ältere Menschen beiderlei Geschlechts besuchen nun einen Selbstverteidigungskurs.

Dies stärkt zum einen das Selbstbewusstsein und zum anderen werden Praktiken vermittelt welchem dem »Angreifer« durch entsprechendes Auftreten Ihre Abwehrbereitschaft signalisieren. Des weiteren beugen Sie der Angststarre vor, welche Sie, wie schon erwähnt, vor Angst erstarren lässt und handlungsunfähig macht.

Zu guter Letzt noch ein Tipp für den, hoffentlich nie eintretenden Ernstfall:

Nach erfolgreicher Selbstverteidigung sollte man ohne Rechtsbeistand keinerlei Aussagen der Polizei gegenüber tätigen! Dieses Recht hat jedermann und sollte auch in Anspruch genommen werden. Zu groß ist die

Gefahr, dass einem in unserer »Täter freundlichen« Gesellschaft vor Gericht die eigenen Aussagen im Mund verdreht resp. zum Nachteil ausgelegt werden. Laut [45]faz.net befinden sich ca. 500000 Menschen illegal in Deutschland, z.T. handelt es sich um Minderjährige welche durch kriminelle Organisationen für ihre dunklen Machenschaften missbraucht werden oder um untergetauchte aktive Terroristen welche unsere friedliebende Gesellschaft mit ihren feigen Anschlägen beglücken möchten. Laut einem [46]Focusbericht werden es bis zum Jahre 2024 werden es mehr 5.300.000 Illegale sein. Viele sind bereits unter uns, berauben uns unseres Gefühls der Geborgenheit, der Identität und verbreiten Unruhe, Gewalt und Hass. Sie wissen um die Toleranz bzw. Ohnmacht von Polizei und Justiz und nutzen dieses Unzulänglichkeit unseres Staates schamlos aus.

Diese »Sonderbehandlung« ist wohl den meisten (illegalen) Flüchtlingen bekannt, denn weder bei der kostenlosen Benutzung der öffentlichen Verkehrsmittel durch »Schwarzfahren« noch bei Straftaten droht ihnen eine entsprechende Konsequenz, welche bei der einheimischen Bevölkerung rigoros, bis hin zur Absurdität umgesetzt wird. Auch bei der ärztlichen Versorgung gelten ganz besondere Regelungen. Wo der Normalbürger z.B. für eine Zahnsanierung mit mehreren Tausend Euro Selbstbeteiligung rechnen muss, gibt es diese für unsere Besucher gratis, plus Dolmetscher auf Staatskosten. Hier wäre vielleicht eine Art Schuldenkonto angemessen, so wie bei den Studierenden, welche ihr BAFÖG ja auch wieder zurückzahlen müssen. Hat der Besucher dann eine Arbeit aufgenommen, kann er damit beginnen seinen vom Staat erhaltenen »Vorschuss auf Unkosten« in entsprechenden Raten wieder zu tilgen. Die Praxis sieht jedoch anders aus, sodass sämtliche Kosten vom Steuerzahler beglichen werden.

Was das Recht auf Selbstverteidigung angeht ist uns die USA ein gutes Stück voraus, wobei auch ein »Zuviel« nicht wirklich gut ist. Trotz des steigenden Chaos in unserem Land, ja ganz Europa sollte jedem klar sein, dass nicht alle Besucher/Flüchtlinge oder Migranten Terroristen sind. Auch wenn die Überfremdungsangst weit verbreitet ist, sollte von einer Pauschalisierung dringend Abstand gehalten werden. Doch mit der steigenden Zahl an friedlichen Zuwanderern steigt ebenso unweigerlich die Anzahl derer, welche keine lauteren Absichten haben.

Vielen mangelt es an einer echten Perspektive im Leben. Steigende Europaweite Arbeitslosigkeit, Gettoisierung sowie ein zunehmend zerfallendes Sozialsystem machen sie Orientierungslos und treiben sie in die pseudo- Sicherheit einer salafistischer Gemeinschaft. Diese verlorene Jugend ist Futter für den radikalen Dschihadismus. Hier liegen auch die Gründe für eine entsprechende Expansion auch des Salafismus welcher als ultrakonservative Strömung innerhalb des Islams gilt und radikale Ansichten vertreten. Personen mit wenig oder keinen religiösen Vorkenntnissen, welche sich einer salafistischen Gemeinschaft anschließen möchten werden problemlos aufgenommen. Hier erhalten sie die nötige Wertschätzung. Die Salafisten bieten solchen Menschen welche Ausgrenzungen und Benachteiligungen erfahren haben, eine Heimat, in der sie akzeptiert werden. solange sie sich an die Regeln und Werte halten.

Beim [51]Bundesamt für Verfassungsschutz ist hierüber Näheres zu erfahren. In der Phönix Dokumentation

»Molenbeek- Brüssels Stadtteil des Terrors« vom 07.04.2016 war zu vernehmen, das es bekannt sei, dass Anwerbungen seitens des radikalen IS in Moscheen oder an anderen Orten stattfinden. Zu zweit oder in kleinen Gruppen suchen diese das Gespräch und bieten jedem der in den Dschihad ziehen will finanzielle Hilfe seiner Angehörigen an. Die Werber selber bekommen 2000 € für einen Angeworbenen Kämpfer. Hat dieser auch noch einen Pass dann erhöht sich die .... auf 5000 €.

Mehr Wachsamkeit

*Der größte Lump im ganzen Land, das ist und bleibt der Denunziant. (?)

Der Begriff des [53]Denunziant ist recht negativ behaftet. Allzu leichtfertig assoziiert man mit diesen Begriff Verräter, Spitzel oder Schnüffler u. dgl. mehr. Er bezeichnet eine Person, die eine andere Person, unabhängig davon, ob diese tatsächlich schuldig ist zur Anzeige bringt. So machen es die aktuellen Umstände, die Sicherheitslage erforderlich dass die Behörden auf Hinweise aus der Bevölkerung angewiesen ist. Bundesinnenminister Thomas de Maizière (CDU) hat nach den Terroranschlägen von Orlando und Paris am 15. Juni 2016 die [54]Bevölkerung zu erhöhter Wachsamkeit aufgerufen.

Da die Radikalisierung im persönlichen Umfeld beginnt sollen Auffälligkeiten bei Familienangehörige,

Nachbarn oder Freunde in Bezug auf eine Radikalisierung den Behörden gemeldet werden. Doch was ist hier das Maß der Dinge? Muss man sich nun 2 mal überlegen welche unbedachten Äußerungen z.B. in Bus, Bahn oder auf der Arbeit macht?

Eine aus einer Bierlaune heraus unbedachte Bemerkung Unterhaltung am Stammtisch könnte einen so recht schnell ins Fadenkreuz der Behörden bringen oder etwa nicht? Mitnichten, denn hier geht es ausschließlich um Personen welche für die allgemeine Sicherheit ein ernstzunehmendes Risiko darstellen.

Offensichtlicher Ausländerhass, Gewaltbereitschaft gegenüber Migranten, unerlaubter Waffenbesitz u.ä. sind Indizien für eine die allgemeine Sicherheit gefährdende, bevorstehende Straftat. Letztendlich geht es darum dem Betroffenen zu helfen, ihm seine Augen zu öffnen, auf das er von seinem falschen Weg der

Radikalisierung ablässt. Man ist kein schlechter Bürger, also kein Denunziant wenn man zur Abwehr von Gefahren für die Allgemeinheit oder einen Teil derselben entsprechende Behörden informiert.

Wer also Hinweise oder Kenntnis von rechts -oder linksextremistischen Übergriffen auf Flüchtlinge und Asylbewerberheime - oder Gewalt gegen Gebäude, Fahrzeuge und Mitarbeiter demokratischer Institutionen hat oder wem Personen im Nahen Umfeld Grund zur Annahme geben, dass sich diese radikalisieren, sollte dies einer entsprechenden Polizeidienststelle melden. Wenn man möchte kann dies u.a. auch anonym erfolgen.

[55]BfV Beratungsstelle Radikalisierung des Bundesamtes für Migration und Flüchtlinge

Bleibt zu hoffen das diese Aufforderung nicht zur Hexenjagt wird. Nach diesem bundesweiten Aufruf unseres Bundesinnenministers dürften sich die entsprechenden Institutionen auf an ein gutes Stück Mehrarbeit einstellen. Letztendlich dient dies unser aller Sicherheit.

Wer nun also entsprechende Auffälligkeiten bei der oben genannten Personengruppen beobachtet hat kann dies beim Bundesamt für Verfassungsschutz melden.

Die Beratungsstelle für Radikalisierung

ist erreichbar unter
Telefon: 0911/943 43 43

Hinweistelefon islamistischer Terrorismus
unter
Telefon: 0221/792-3366

Europaweite Naturkatastrophen

Die Verschmelzung oder besser das aufeinanderprallen von verschiedenen Kulturen beinhaltet schon genug Sprengstoff, doch was uns in naher Zukunft, d.h. in absehbarer Zeit bevorsteht macht weder vor Grenzen, Kulturen noch vor Religionen halt und es wird uns alle betreffen. Infolge der tektonischen Verschiebungen wird es in absehbarer Zeit zu starken Erdbeben kommen, welche zu einer Kettenreaktion von Katastrophen weltumspannenden Ausmaßes führen könnte.

Die Millionenmetropole Istanbul gilt als hoch gefährdet. »Hier driftet die anatolische Platte mit dem gesamten Gebiet der Türkei und weiten Teilen Griechenlands nach Westen. Von Süden schieben sich die afrikanische als auch die arabische Platte dagegen. Dieses tektonische Ereignis wird ein weiteres Mega Ereignis in Gang setzen. So schlummert im Nordwesten der italienischen Millionenstadt Neapel ein Supervulkan, welcher Wissenschaftler und Behörden gleichermaßen beunruhigt.

Ganz in der Nähe dieser Stadt befindet sich eine riesige Magmakammer. Ein Ausbruch könnte schwere Folgen für die stark besiedelte Region und ganz Europa haben, zudem könnten weltweit Auswirkungen wie etwa extreme Klimaveränderungen drohen. Erste Warnmeldungen über ein solches Mega Ereignis gab es bereits in jüngster Zeit. Diese Meldungen sind keine Weltuntergangs Prophezeiungen diverser Hellseher oder Panikmacher, sondern liegen wissenschaftliche Erkenntnisse zugrunde. Ein entsprechender Artikel hierzu ist auf [47]»Welt.de« erschienen. Durch die kommenden starken Erdbeben und Überflutungen werden zahlreiche Atomkraftwerke in Mitleidenschaft gezogen. Ähnlich wie am 11.März 2011 in Japan die [48]Nuklearkatastrophe von Fukushima ausgelöst wurde, woraufhin die tödliche, radioaktive Strahlung den gesamten Planeten bis dato und bis in ferner Zukunft weltweit kontaminiert.

Vulkanausbrüche unvorstellbaren Ausmaßes werden nahe zu zeitgleich auftreten. Die Folgen sind langfristig und beängstigend. Denn die gigantischen Mengen an [49]Vulkanasche wird die Erdatmosphäre verdunkeln und den Flugverkehr weitestgehend einschränken.

Das Weltklima destabilisiert sich, was zu einem abfallen der Temperaturen führen wird. Infolge dieser Ereignisse werden die Ernteerträge weltweit drastisch zurückgehen. So wird sich das [50]Jahr ohne Sommer im Jahre 1815 nicht nur wiederholen, sondern dieses historische Ereignis noch in den Schatten stellen. Unter anderem werden die Türkei, Italien, sowie sämtliche Küstengebiete des Mittelmeeres davon betroffen sein. Natürlich weiß niemand wann genau derartiges eintreten wird, doch dass der Zeitpunkt für ein solches Ereignis immer näher rückt steht außer Frage. Eines schönen Tages werden wir es alle wissen. Bis dahin dürfen wir uns auch in Deutschland mit immer häufiger auftretenden Unwetter-Ereignissen auseinander setzten. Immer öfter kommt es zu Überschwemmungen infolge von Starkregen, Erdrutsche, starke Stürme und Hurrikans sowie einer erhöhten Blitz Aktivität.

Die Konsequenz

Machen wir uns nichts vor, die Anschlagsgefahr in Europa und vor allem jetzt auch in Deutschland steigt von Minute zu Minute. So stehen uns allen unruhige Zeiten bevor. Der hausgemachte Klimawandel wird das seinige dazu beitragen um in absehbarer Zeit den Zustrom von Abermillionen »Klimaflüchtlingen« in Richtung Europa und somit auch wieder nach Deutschland verstärkt in Gang zu setzten. Erste Meldungen darüber kann man hier und da schon in den Nachrichten bzw. Talkshows vernehmen.

Abgesehen vom Klima wird man zudem mit immer mehr Wirtschaftsflüchtlingen rechnen müssen Also sollten wir uns trotz steigenden Temperaturen warm anziehen, denn es wird noch ein bitterkaltes Erwachen geben. Doch auch schon bei Normaltemperatur dürfen wir uns auf weitere Besucher aus dem nordafrikanischen Raum freuen. Heißen wir sie willkommen und geben ihnen ein neues Zuhause. Würden wir in deren Situation nicht genauso handeln? Man sollte keinesfalls überhitzt reagieren, sondern sehr wohl zwischen echter Notlage und Schmarotzertum zu differenzieren wissen.

Es wird auf jeden Fall enger, voller und noch viel bunter in unserem Land, ja in ganz Europa werden. Die Lebensmittelindustrie, das Transportwesen sowie der Wohnungs- und Arbeitsmarkt sollten sich darauf schnellstens einrichten. Abgesehen von den vielen Kindergärten, Schulen, Betreuern, Dolmetschern, Arztpraxen, Krankenhäusern, Altenheimen bis hin zu den Friedhöfen stehen die Zeichen jetzt allerorten auf schnellstmögliche Expansion. Das alles wird unsere Wirtschaft und den allgemeinen Wohlstand ankurbeln, oder hat irgend jemand den geringsten Zweifel daran. Die nun bestens florierenden Sicherheitsdienste haben ebenfalls keinen Arbeitsmangel zu verzeichnen, im Gegenteil, denn auch die Einbruchszahlen, Diebstähle sowie andere Delikte erleben einen nie dagewesenen Höhenflug. In ein paar Jahren sind dann auch unsere Polizeibehörden entsprechend mit Personal aufgestockt, sodass wir alle wieder mit einem sicheren Gefühl unseren liebgewordenen Alltag incl. Nachtruhe genießen können. Wer möchte schließlich nicht an ein modernes Märchen glauben? »Wenn in wenigen Jahren jeder zehnte Einwohner muslimischen Glaubens ist, dann benötigt Deutschland auch neue Moscheen. Überall werden derzeit in Deutschland neue Häuser für die vielen neuen muslimischen Mitbürger gebaut. Reiche Golfstaaten wollen in Deutschland viele neue Moscheen finanzieren. Zudem gibt es Gespräche darüber, die viele vor der Schließung stehende Kirchen zu Moscheen machen. Politik und Medien verschweigen das. Warum nur? …/…Viele islamische Staaten haben angeboten, neue Moscheebauten in Deutschland zu finanzieren (im Falle Saudi-Arabiens beispielsweise 200).

Neben dem wahhabitischen Königreich Saudi-Arabien finanziert vor allem das wahhabitische Emirat Katar den Moscheebau in Europa. Wenn der Emir des Golfemirats Katar nach Deutschland kommt, dann stehen unsere Politiker stramm. Denn der Emir ist unendlich reich. Scheich Tamim bin Hamad Al Thani finanziert in Syrien und im Irak die islamische Terrormiliz Islamischer Staat und in Deutschland Moschee Neubauten. Wegen unmenschlicher Arbeitsbedingungen hat das Image des Wüstenstaates enorm gelitten. Aber überall in Europa will man sich von einem Emirat, das es mit den Menschenrechten nicht so genau nimmt, eine Vorzeigemoschee schenken lassen... / ...Der Emir von Katar beobachtet aufmerksam, wie viele Kirchen in Deutschland geschlossen oder ganz abgerissen werden sollen.

Derweil werden die Probleme immer größer. Nach Auffassung von Professor Gunnar Heinsohn, Fachmann für Bevölkerungsentwicklung, könnte es schon bis zum Jahre 2050 islamische Mehrheiten in Deutschland geben, weil mit zunehmender muslimischer Zuwanderung auch die Abwanderung der ethnischen Deutschen steigen wird.

Es könnte also nach dieser Gelehrtenmeinung durchaus sein, dass auch wir Älteren die Einführung der Scharia in Deutschland noch erleben werden.« Quelle: [56]Asylterror

Die Gesamtentwicklung, mit dem einhergehenden finanziellen Desaster [57](EZB-Lüge), wird uns zurück ins

Steinzeitalter katapultieren. Wer jetzt noch kann sollte sich vielleicht einen neuen Wohnsitz suchen, denn auch immer mehr Reiche verlassen Europa. Die Gründe sind: Terrorismus, Ghettoisierung, Islamisierung, und die stark ansteigende Kriminalität. So erfährt die Zahl von Gewalt-, Eigentums-, Sexual- und Betäubungsmitteldelikten eine enorme Steigerung, wobei der Polizeiapparat aufgrund der Vielzahl dieser Delikte schlicht und ergreifend überfordert ist. Wobei es von Seiten der Polizei nicht gerne gesehen wird wenn sich der einzelne Bürger selber zu Wehr setzt. Allzu schnell wird aus dem eigentlichen Opfer ein Täter gemacht.

Durch die Zuwanderung nimmt natürlich auch die Kriminalität unweigerlich zu.

Wenn man von einer fiktiven Kriminalitätsrate von 10% ausgeht sind das bei 1 Mill. Zuwanderer bereits 100000 mehr Straftaten, was bei der derzeitig personellen und finanziellen unveränderten Ausstattung des Polizeiapparates recht besorgniserregend ist. Nicht zu vergessen blüht auch das verwerfliche Geschäft des [58]organisierten Organhandels. In wieweit einzelnen Berichten glauben geschenkt werden darf ist ungewiss, doch unbestritten ist auch, dass auf Kosten vieler schutzloser Flüchtlinge ein solcher Handel stattfindet und zahlreiche Opfer fordert. Durch den längerfristig zu erwartenden Zustrom von bis zu 200 Mill. Klimaflüchtlingen ist mit einer entsprechend kontinuierlichen Steigerung der Straftaten aller Colleur in den kommenden Jahrzehnten zu rechnen.

[59]Info Zuwanderung und Kriminalität

Während der Großteil der Bevölkerung schutzlos den Entwicklungen ausgesetzt ist, setzen sich die Millionäre einfach aus dem Krisenkontinent ab. Auch für den normalen Durchschnittsbürger gewinnt dieses

Thema immer mehr an Bedeutung, wobei es bei solch einem einschneidenden Schritt viele verschiedene Aspekte wie Arbeit, Sprache, Klima, politisches System usw. zu bedenken gibt.

Schon bei einem Umzug innerhalb Deutschlands ist im Vorfeld so einiges zu beachten. Abgesehen von einer eventuell vorhandenen Arbeitsstelle sind auch hierbei diverse Umstände mit zu berücksichtigen. So sollte z.B. kein AKW in der Nähe sein, keine Militärbasen, kein Überschwemmungsgebiet, keine Ballungsgebiete, keine sozialen Brennpunkte oder ähnliches. Nur wer jetzt vorausschauend plant kann für sich und seine Nachkommen ein relativ sicheres Zuhause schaffen. Doch der frei verfügbare Raum wird immer enger, sodass es zunehmend schwieriger wird einen ruhigen Ort für sich und seine Lieben zu finden.

Die Konsequenz aus alldem könnte sein:

1.)   Sich den Gegebenheiten anpassen, indem man ein vorurteilsfreies, friedliches Miteinander lebt, Rücksicht auf Unzulänglichkeiten nimmt und Nächstenliebe praktiziert. Im Katastrophenfall jedem hilft der Hilfe benötigt und den Notleidenden jede erdenkliche Unterstützung zukommen lässt.

2.)   Sich an Gegenmaßnahmen beteiligen, um sein Land bzw. Personen aktiv zu schützen und zu verteidigen. Hierzu gehören z.B. eine Militärische Tätigkeit, Objektschutz, Personenschützer, nächtliche Spaziergänge (Einbruch-Vorsorge) etc.

3.)   Das Land zu verlassen um sich fernab aller Unruhen, kriegerischen Auseinandersetzungen sowie drohenden Naturkatastrophen ein neues Zuhause aufzubauen. Dies wird allerdings bei global eintretenden Ereignissen nur begrenzt möglich sein.

Tun wir wirklich schon alles was wir tun könnten oder können wir nichts mehr tun?

»Was, wenn der WikiLeaks Gründer Julian Assange in seinem Interview mit -Russia Today- Recht hat, nachdem aus den WikiLeaks vorliegenden diplomatischen Depeschen die Massenbewegung von Flüchtlingen nach Europa eine von den USA bewusst eingesetzte Waffe gegen Syrien und Europa ist. Dies führe in Syrien zu einer „strategischen Entvölkerung" in Europa hingegen zu einer grundlegenden Krise!«

[60]AG Mensch in Württemberg

Angesichts dieser einschneidenden Veränderungen incl. der rasant ansteigenden Gewalt in Deutschland macht sich in der Bevölkerung große Hilflosigkeit breit. Ob man nun gleich seine Koffer packt, solange noch Zeit dazu ist oder lieber doch in seinem (noch) Heimatland verbleibt ist keine leichte Entscheidung.

Zum einen gestatten die persönlichen Verhältnisse nicht immer einen solchen Schritt, zum anderen sollte man auch nicht allzu panisch reagieren und sich blindlings aus dem Staub machen.

Doch längerfristig gedacht wird auch der Wohnungsmangel sowie die steigende Arbeitslosigkeit dafür sorgen, dass sich die heranwachsende Jugend einen besseren Ort zum Leben, als das sich auflösende Deutschland aussuchen wird. Die neue Wohnkultur wird aus Container-Dörfern bestehen, deren verchipte, im Wachkoma gehaltene Bewohner vom Staat wie Aussätzige behandelt werden. Vernetzt, überwacht, kontrolliert, mit Essensmarken ausgestattet und zur Sklavenarbeit gezwungen. Wahrlich kein schöner Ausblick Doch bis dahin sollten Sie ihr Leben genießen, und im Hier und Jetzt leben. Trotz aller Anzeichen einer erheblichen Verschlechterung unser aller Lebensqualität sollte die Grundstimmung positiv sein. Denn die kommenden Veränderungen bergen auch neue Chancen. Kreativität samt einer guten Portion Gelassenheit wäre sehr hilfreich. Bekanntlich ist alle Theorie grau, wenn man von den Ereignissen überrollt wird und man sich panisch nach einem Ausweg umsieht. Viele werden Opfer werden, leiden und sich nach der »guten alten Zeit« zurück sehen. Aber es ist bereits zu spät, die einmal ins rollen gebrachten Dinge auf zu halten.

Noch geht es uns relativ gut, so ganz ohne Kriege und wirklichem Leid. Doch trügt der Schein, denn von heute auf morgen wird sich alles schlagartig verändern. Ob durch Politik, Klima, Terrorismus oder durch das alltägliche Verbrechen. Und in nicht einmal 30 Jahren werden in Deutschland mehr Muslime als indigene Deutsche leben. So wird das deutsche Volk mit der

Zeit immer weiter ausgedünnt wodurch auch die eigene, nationale Identifikation verloren geht. Aber was soll`s, das Leben geht weiter, so oder so, denn heute ist heute und morgen ist morgen.

In diesem Sinne wünsche ich Ihnen allen ein angenehmes, friedliches Miteinander im Hier und Jetzt.

Viel Glück

Quellen u. weiterführende Links

[1] **PDF Umfrage Was halten die Deutschen vom Islam?**
http://www.kas.de/wf/doc/kas_1924-544-1-30.pdf
030915165627

[1a] **Oberschicht** http://community.zeit.de/

2, 3, 4, 5; 9, 10, 11; 13, 22, 25, 28, 35, 42, 44, 48, 49,
50 **https://de.wikipedia.org/**

[6] **bpb: Bundeszentrale für politische Bildung**
von Wolfgang Seifert 31.5.2012

[7] **http://www.koran-auf-deutsch.de/**

[8] **religionen.at**
http://www.religionen.at/irgotteskrieger.htm

[9a] **200 Millionen afrikanischen Klimaflüchtlingen**
http://info.kopp-
verlag.de/hintergruende/deutschland/stefanschubert/bu
ndesregierung-warnt-vor-2-millionen-afrikanischen-
klimafluechtlingen.html

[12] **Durchschnittsgehalt**
http://durchschnittseinkommen.net/liste-
durchschnittseinkommen/

[14] **Menschen aus Nigeria**
https://www.laenderdaten.info/Afrika/Nigeria/fluechtling
e.php

[15] **BND**
http://www.bnd.bund.de/DE/Themen/Lagebeitraege/Migration/Migration_node.html

[16] **BfV**
https://www.verfassungsschutz.de/de/aktuelles/schlaglicht/schlaglicht-2015-10-fluechtlingszustrom

[16a] **Rücknahme-Abkommen**
http://www.politaia.org/balkanisierung/totale-volksverarsche-abschiebung-nur-auf-dem-papier/

[16b] **Wohnraumbeschaffung**
http://www.hartgeld.com/infos-de.html

[17] **tagesschau.de**
https://www.tagesschau.de/inland/fluechtlinge-integration-101.html

[18] **Salafisten, Islamisten, Dschihadisten**
http://www.derwesten.de/politik/was-salafisten-dschihadisten-und-islamisten-unterscheidet-id10030892.html

[19] **Tigrinisch**
https://de.wiktionary.org/wiki/Tigrinisch

[20] **kriminelle Großfamilien**
https://www.google.de/search?q=kriminelle+Großfamilien+&ie=utf-8&oe=utf-8&client=firefox-b&gfe_rd=cr&ei=9wpTV-qPFtSv8wf1x4-IAw

[21] **Anfang Juni 2016**
http://www1.wdr.de/nachrichten/rheinland/terroranschlag-duesseldorf-100.html

[23] **kollektiven Unterbewussten**
http://www.selbstakademie.org/lexikon-der-selbstakademie/kollektive-unbewusste.html

[24] **2o Landeskirchen**
http://www.ekd.de/kirche/kirchen.html

[26] **Thalys nach Paris**
http://www.rundschau-online.de/aus-aller-welt/anschlag-im-thalys-verhindert-nach-attacke-mehr-schutz-in-zuegen-gefordert,15184900,31541766.html

[27] **Flughafen Zaventem**
http://www.tagesspiegel.de/politik/liveblog-terror-in-belgien-vielleicht-weitere-attentaeter-unterwegs/13352680.html

[29] **17.11.2015**
http://www.sueddeutsche.de/sport/abgesagtes-laenderspiel-ein-fussball-abend-mit-bitterer-botschaft-1.2742346

[30] **Selbstmordanschlag auf ein Fußballstadion**
http://www.heute.de/irak-anschlag-auf-fussball-stadion-29-tote-42866064.html

[31] **Am 25.03.2016**
http://www.heute.at/news/welt/Belgien-AKW-Sicherheitsmann-erschossen;art23661,1270652

32 **Vorbereitungen**
http://www.volksfreund.de/

33 **Panzerabwehrwaffe vom Typ Milan**
http://www.bundeswehr.de

34 **Kriegsgerät**
http://deutsche-wirtschafts-nachrichten.de/2016/01/17/isis-terroristen-kaufen-waffen-aus-aller-herren-laender/

36 **Festivals**
http://www.tonspion.de/neues/rotation/970383

37 **Transsexuelle in Dortmund gesteinigt**
http://www.n24.de/n24/Mediathek/videos/d/7921290/transsexuelle-in-dortmund--gesteinigt-.html

38 **Transsexuelle stirbt nach brutalem Angriff in Istanbul**
http://www.focus.de/panorama/welt/verbrechen-aus-hass-transsexuelle-stirbt-nach-brutalem-angriff-in-istanbul_id_3792018.html

38a **Terroranschlag in Orlando/Florida**
http://www.tonspion.de/news/50-tote-nach-terroranschlag-auf-schwulenclub-orlando

39 **Türsicherung**
Einbruchschutz -Doorjammer-
https://www.google.de/search?q=EINBRUCHSCHUTZ+DOORJAMMER+-+T%C3%9CRSTOPPER&ie=utf-8&oe=utf-8&client=firefoxb&gfe_rd=cr&ei=u6pyV9bhFOza8AeswqOwCg

40 **Dauelsen**
http://www.ndr.de/nachrichten/niedersachsen/oldenburg_ostfriesland/Mordkommission-ermittelt-nach-Massenschlaegerei,verden306.html

41 **gewalttätigen Flüchtlingen**
http://petraraab.blogspot.de/2016/01/aggressive-fluchtlinge-und-ihr-wahres.html

43 **Menschede**
http://info.kopp-verlag.de/hintergruende/deutschland/udo-ulfkotte/innere-sicherheit-polizei-will-kriminelle-orientalen-nicht-provozieren-.html

45 **faz.net**
http://www.faz.net/aktuell/politik/inland/nordrhein-westfalen-integrationsminister-will-aufenthaltsrecht-fuer-illegal-in-deutschland-lebende-auslaender13504089.html

46 **Focusbericht**
http://www.focus.de/politik/deutschland/mehr-5-300-000-illegale-bis-2024-focus-online-user-ueber-fluechtlinge-in-deutschland-kommentar_id_6435057.html

47 **Die Welt.de**
http://www.welt.de/wissenschaft/umwelt/article138760657/Supervulkan-bei-Neapel-beunruhigt-Forscher.html

51 **Bundesamt für Verfassungsschutz**
https://www.verfassungsschutz.de/de/arbeitsfelder/af-islamismus-und-islamistischer-terrorismus/was-ist-islamismus/salafistische-bestrebungen

52 **NINA Notfall-Informations- und Nachrichten-App** des BfV
http://www.bbk.bund.de/DE/NINA/WarnApp_NINA.html

53 **Denunziant**
https://de.wiktionary.org/wiki/Denunziant

54 **Bevölkerung zu erhöhter Wachsamkeit aufgerufen**
http://www.presseportal.de/pm/30621/3353187

55 **BfV Beratungsstelle Radikalisierung des Bundesamtes für Migration und Flüchtlinge**
https://www.verfassungsschutz.de/de/arbeitsfelder/af-islamismus-und-islamistischer-terrorismus/bamf-beratungsstelle-radikalisierung

56 **Asylterror**
https://asylterror.com/2016/04/01/deutschland-aus-kirchen-sollen-moscheen-werden/

57 **EZB-Lüge**
http://www.nachdenkseiten.de/?p=12251

[58]**organisierter Organhandel**
http://www.-fit4russland.com/wirtschaft/1716-griechische-fischer-behaupten-fluechtlingen-wurden-in-der-tuerkei-die-organe-ausgeweidet-und-die-koerper-in-neutrale-gewaesser-entsorgt

[59] **Info Zuwanderung und Kriminalität**
http://www.skandinvest.de/zuwanderung-und-kriminalitaet/

[60] **AG Mensch in Württemberg**
Betreiber der Internetseite Hailer, Markus
http://www.agmiw.org/?p=2192

Weiterführende Links

Forschung zu Flüchtlingen
Konzepte für eine vernünftige Einwanderungspolitik

Netzwerk Flüchtlingsforschung
http://fluechtlingsforschung.net/uber-netzwerk-fluchtlingsforschung/

Enttarnte Falschmeldungen
http://hoaxmap.org/

Neue Karte über Einzelfälle im Land...
https://www.google.com/maps/d/viewer?mid=z12D0zt-V4iI.kXGfjpzjOS1Q

Vergewaltigungen durch Migranten in Deutschland
http://de.gatestoneinstitute.org/6547/vergewaltigungen-migranten

Tabuisierte Sexualität sucht sich ihren Weg
http://www.zeit.de/gesellschaft/zeitgeschehen/2016-01/sexuelle-gewalt-sexualitaet-islam-maenner-frauen-verhaeltnis

Grenzen auf, Grenzen dicht
http://www.zeit.de/2015/17/fluechtlinge-zuwanderung-regulierung/seite-2

Notfall Apps

[52] **NINA** ist die Notfall-Informations- und Nachrichten-App des Bundesamtes für Bevölkerungsschutz

Virtuelle Begleit App

Companion App
http://www.randombrick.de/mit-der-companion-app-begleitest-du-deine-freunde-virtuell-nach-hause/

Open Doors
https://www.opendoors.de/

TERRE DES FEMMES
Alle drei Minuten wird in Deutschland eine Frau vergewaltigt

Deutsche Auswanderer-Datenbank
http://www.deutsche-auswanderer-datenbank.de/

Votum1
http://votum1.de/

Der Honigmann
https://derhonigmannsagt.wordpress.com/

*August Heinrich Hoffmann von Fallersleben deutscher Dichter und Philologe * 02.04.1798, † 19.01.1874

Rechtliche Hinweise

1.   Haftungsbeschränkung

Die Inhalte dieses Buches/eBooks wurden mit größtmöglicher Sorgfalt und nach bestem Gewissen erstellt. Dennoch übernimmt der Anbieter keine Gewähr für die Aktualität, Vollständigkeit und Richtigkeit der bereitgestellten Informationen

2.   Externe Links

Dieses Buch/eBook enthält sog. »externe Links« (Verlinkungen) zu anderen Webseiten, auf deren Inhalt der Anbieter der Webseite keinen Einfluss hat. Aus diesem Grund kann der Anbieter für diese Inhalte auch keine Gewähr übernehmen. Für die Inhalte und Richtigkeit der bereitgestellten Informationen ist der jeweilige Anbieter der verlinkten Webseite verantwortlich. Zum Zeitpunkt der Verlinkung waren keine Rechtsverstöße erkennbar. Bei Bekanntwerden einer solchen Rechtsverletzung wird der Link umgehend entfernt.

Über den Autor

Robert Friedebaum, geb. 1950 - Wirtschaftsstudium in Heidelberg, schreibt als Autor unter Pseudonym u.a. Kurzgeschichten, Lyrik sowie Kommentare über aktuelles Zeitgeschehen.